eBay 2020

GUÍA EFECTIVA PARA LLEVAR SU

NEGOCIO ONLINE DE CERO AL ÉXITO

Robert G. Price

Aviso Legal
La información contenida en este libro y su contenido no está diseñada para
reemplazar o reemplazar cualquier forma de consejo médico o profesional; y
no pretende reemplazar la necesidad de asesoramiento o servicios médicos,
financieros, legales u otros servicios profesionales independientes, según sea
necesario. El contenido y la información de este libro se han proporcionado
únicamente con fines educativos y de entretenimiento.

El contenido y la información contenidos en este libro han sido compilados
de fuentes consideradas confiables, y es exacto según el mejor conocimiento,
información y creencia del autor. Sin embargo, el autor no puede garantizar
su precisión y validez y no se hace responsable de los errores u omisiones.
Además, periódicamente se realizan cambios en este libro cuando sea
necesario. Cuando sea apropiado y / o necesario, debe consultar a un
profesional (incluidos, entre otros, su médico, abogado, asesor financiero u
otro asesor profesional) antes de utilizar cualquiera de los remedios, técnicas
o información sugeridos en este libro.

Al usar el contenido y la información contenida en este libro, usted acepta
eximir al Autor de cualquier daño, costo y gasto, incluidos los honorarios
legales que puedan resultar de la aplicación de la información proporcionada
por este libro. Este descargo de responsabilidad se aplica a cualquier pérdida,
daño o lesión causada por el uso y la aplicación, ya sea directa o
indirectamente, de cualquier consejo o información presentada, ya sea por
incumplimiento de contrato, agravio, negligencia, lesiones personales,
intención criminal o por cualquier otra causa de acción.

Usted acepta aceptar todos los riesgos de usar la información presentada en
este libro.

Usted acepta que al continuar leyendo este libro, cuando sea apropiado y/o
necesario, deberá consultar a un profesional (que incluye, entre otros, a su
médico, abogado o asesor financiero u otro asesor, según sea necesario)
antes de usar cualquiera de los remedios sugeridos , técnicas o información
en este libro.

Tabla de Contenido

INTRODUCCIÓN 1

CAPÍTULO 1: MENTE DE EMPRENDEDOR 6

    MENTE DE PERSONAS EXITOSAS DE LAS CUALES APRENDER 6

    LO QUE NECESITAS PARA EMPEZAR..12

CAPÍTULO 2: VENTAJAS DE UTILIZAR EBAY 19

CAPÍTULO 3: EMPEZAR UN NEGOCIO CON EBAY....................25

    CUENTA, PAUTAS, TARIFA DE EBAY...25

    CONFIGURAR CUENTA EBAY 31

CAPÍTULO 4: ETIQUETA/MARCA CREACIÓN Y REGISTRO 38

CAPÍTULO 5: CRITERIOS PARA SELECCIONAR EL PRODUCTO A VENDER CON HERRAMIENTAS APROPIADAS 42

    PUBLICANDO SUS ARTÍCULOS A VENDER EN EBAY 55

CAPÍTULO 6: DONDE COMPRAR EL PRODUCTO A VENDER ...59

CAPÍTULO 7: CÓMO CREAR UNA PÁGINA DE PRODUCTO PERFECTA 81

    INVESTIGACIÓN DE PALABRAS CLAVE.....................................81

    COPIA Y FOTOS..84

CAPÍTULO 8: ESTRATEGIA DE LANZAMIENTO DE PRODUCTO Y ESTRATEGIA DE REVISIONES.......................................98

CAPÍTULO 9: PUBLICIDAD EBAY: CÓMO CREAR UNA
CAMPAÑA EFECTIVA 101
CAPÍTULO 10: SEGUIMIENTO Y AJUSTE DE SU NEGOCIO..... 108
Las 5 razones principales por las que necesita vender en eBay 109
CAPÍTULO 11: CRECIMIENTO, CONSEJOS Y TRUCOS PARA EL
ÉXITO 111
CONCLUSIÓN.. 133

INTRODUCCIÓN

No se necesita un empresario brillante para ejecutar un negocio exitoso en eBay. De hecho, la mayoría de las historias de éxito contadas a lo largo de los años han sido personas comunes que decidieron arriesgarse. Estaban dispuestos a trabajar duro mientras aprendían de sus errores en el camino. Después de miles de historias de éxito, los misterios detrás de convertirse en un vendedor exitoso en eBay ya no son tan misteriosos.

eBay se lanzó en 1995, y desde entonces, han seguido creciendo y siendo una de las plataformas dominantes para los vendedores en línea en todo el mundo. Su crecimiento tampoco se está desacelerando. En 2017, informaron más de 167 millones de usuarios en su sitio. ¡De ese número, 25 millones son vendedores, lo que significa que la gigante cantidad de 142 millones de compradores están activos en eBay en este momento! Aunque eBay es una empresa internacional, el 44% de su negocio proviene solo de los Estados Unidos, pero no hay ninguna razón por la que no pueda vender internacionalmente para atraer al otro 56% de los compradores. ¡Las ventas brutas en 2015 se reportaron en $82 mil millones de dólares!

Comparto estas estadísticas con usted para insistir en que eBay es una opción extremadamente viable para aquellos que buscan ingresar al negocio online o expandir sus esfuerzos actuales de negocio online. Si bien muchos vendedores optan por diversificarse entre varias plataformas de venta, la gran cantidad de clientes y la cantidad de dinero que fluye a través de eBay significa que puede operar como un negocio independiente para cualquiera que esté dispuesto a tomarse el tiempo para conocer los entresijos del producto. abastecimiento, sistema de eBay y técnicas de promoción adecuadas. Requiere mucho trabajo, pero esta vía ofrece a las personas de todos los días la oportunidad de obtener un ingreso fuera de un trabajo tradicional. Incluso si no se convierte en su fuente principal de ingresos, puede complementar un trabajo diario extremadamente bien.

Como con cualquier negocio de ventas, el núcleo de ser un gran vendedor de eBay es ofrecer una excelente experiencia al cliente. Sin embargo, incluso si puede ofrecer una excelente experiencia al cliente, hay muchas otras consideraciones. ¿Cómo encuentras productos? ¿Cómo se enumeran los productos? ¿Cómo expande su negocio una vez que alcanza un punto que no es realista de manejar por su cuenta? Tomarse el tiempo para estudiar estos detalles muestra una gran iniciativa de su parte, y aliviará el dolor de cabeza que inevitablemente traerá aprender de sus errores.

eBay no es la única compañía internacional que permite a las personas comprar y vender casi cualquier cosa. Sin embargo, lo que hace que eBay sea diferente de la mayoría de las soluciones populares de negocio online es la capacidad de enumerar los artículos en los formatos "Comprar ahora" o "Subasta".

Las publicaciones de "Comprar ahora" funcionan como cualquier otra solución de negocio online. Usted enumera un producto con un precio fijo, y cuando las personas buscan sus publicaciones, se les da la opción de comprarlo de inmediato. También existe la opción de publicar productos con la función "Mejor oferta", que permite a las personas contrarrestar el precio inicial solicitado. Puede aceptar su oferta, rechazar su oferta o volver a ofrecer hasta tres veces en total. Esta función de venta inmediata es popular para aquellos que no están dispuestos a competir con otros en subastas y no les importa la posibilidad de pagar un poco más para asegurarse de que obtengan lo que necesitan. "Comprar ahora" es perfecto para artículos comunes, pero también se puede usar en rarezas y artículos especiales donde hay un precio obvio en el mercado o una situación de "Mejor oferta" es ideal para el vendedor.

Las "subastas" se venden al mejor postor después de que transcurre un tiempo predeterminado. Las subastas no continúan hasta que las ofertas se detengan, como se ve en la configuración tradicional de las subastas. Configurar las fechas de inicio y finalización en las subastas puede ayudar a afectar el precio de venta final, al igual que la promoción y la rareza de un artículo. En algunos casos, puede ocurrir una guerra de ofertas entre usuarios, lo que lleva a ganancias infladas. Las subastas son ideales para artículos raros, lotes poco comunes y ventas a granel. En el negocio online, eBay es el mejor lugar para vender cualquier cosa que sea extremadamente difícil de conseguir, ya que permite que las personas compitan por el artículo, lo hace fácil de encontrar y la mayoría de los usuarios que disfrutan de publicaciones de estilo de subasta buscan artículos inusuales.

Si bien algunos vendedores de eBay prefieren apegarse solo a las publicaciones de Compra Ahora, la verdad del asunto es que aprovechar ambos estilos de publicaciones traerá un mayor éxito a menos que solo venda productos comunes. Hay opciones disponibles, y solo depende de los productos que está vendiendo y su disposición a apostar.

A diferencia de crear su propia tienda en línea que requiere un marketing muy específico, eBay permite a los vendedores vender una amplia gama de productos en lugar de centrarse en un grupo específico de personas o tipo de producto. ¿Recuerdas antes cuando dijimos que "la mejor experiencia del cliente" es el núcleo detrás de un exitoso negocio de eBay? Esto se debe a que cuanto mejor sea su reputación en eBay, más fácil será sellar el trato con las ventas. Las personas dependen en gran medida del sistema de comentarios de eBay para ayudarles a determinar si un vendedor es legítimo o no, y eBay utiliza estos puntajes de reputación para ofrecer mejores descuentos en las tarifas a los vendedores que regularmente venden y reciben comentarios positivos.

Teniendo en cuenta la gran oportunidad aquí, si elige expandirse a otros mercados, ya tendrá una ventaja sobre muchos aspectos del negocio online. Es fácil argumentar que eBay es el punto de partida ideal para el emprendedor de negocio online en ciernes. Hay varias razones por las que hago este reclamo:

- Mercado internacional de ventas en todo el mundo. eBay está activo en más de 30 países.

- Los extensos esfuerzos de optimización de motores de búsqueda de eBay facilitan que las personas encuentren sus productos a través de Google y otros motores de búsqueda. Esto incluye las búsquedas de productos de Google, que pueden generar muchas ventas si está utilizando excelentes palabras clave en sus títulos.

- Múltiples formatos de venta, como se discutió anteriormente.

- Las tarifas de envío con descuento lo ayudan a ahorrar dinero.

- Tarifas con descuento para buenos vendedores.

- Hay una gran cantidad de recursos para aprender, incluida una gran comunidad.

- Es un sitio web seguro y confiable con más de 20 años de éxito.

¿Estás listo para comenzar el viaje? Tomará un poco de dedicación y trabajo duro, pero hay caminos claros para el éxito en eBay. ¿Será la suya la próxima historia de éxito de eBay?

CAPÍTULO 1: MENTE DE EMPRENDEDOR

MENTE DE PERSONAS EXITOSAS DE LAS CUALES APRENDER

Gestión del Tiempo

Es fácil ponerse a trabajar todos los días y descubrir que está perdiendo mucho tiempo. Puede pasar mucho tiempo en línea revisando mensajes, tomando tiempo para responder llamadas telefónicas, visitando a quienes están cerca de usted para hacer preguntas, o tomando un almuerzo extra o pasando demasiado tiempo buscando las cosas que necesita. Todo esto se sumará para causar muchos problemas que significarán que pasará más tiempo en el trabajo esa noche.

La diferencia entre las personas exitosas y el resto de las personas es que saben cómo administrar el tiempo que tienen adecuadamente. Tendrán todo organizado para que puedan encontrarlo en poco tiempo sin perder el tiempo, cerrarán sus puertas y se mantendrán alejados del correo electrónico para que puedan hacerlo todo sin interrupciones. Podrán hacer más durante el día y aún así dejar el trabajo a tiempo en comparación con la mayoría de las otras personas. Si quiere hacer algo en su vida, necesita aprender cómo organizarse y tener una buena gestión del tiempo.

Conociendo sus fortalezas y debilidades:

Una de las mentalidades que tienen las personas exitosas es que son muy conscientes de sus fortalezas y debilidades. Saben de lo que son exactamente capaces y saben lo que pueden lograr y lo que no pueden. Esto se debe a que, por todo lo que quieren lograr y desean alcanzar, no solo lo comienzan de inmediato. Lo planean adecuadamente y luego toman sus decisiones.

Las personas exitosas solo intentan trabajar y lograr lo que pueden y no intentan hacer algo que no pueden porque este es el secreto para tener éxito. Primero debe comenzar con lo que puede lograr y para qué tiene los recursos. Después de establecerse y probarse a sí mismo, debe buscar otras cosas.

Las personas exitosas establecen objetivos de acuerdo con sus habilidades e intereses:

Martin Luther King, Madre Teresa, Nelson Mandela: todas estas personas vivieron sus vidas de acuerdo con sus valores. Hicieron lo que querían saber y crearon lo mejor de esto. Esta es una gran calidad de personas exitosas. Debes tener la capacidad de hacer que todo funcione. Todo lo que comience, ya sea chatarra o lo que sea, si tiene las cualidades del éxito, creará lo mejor de todo. Las personas exitosas tenían sus valores morales y eran muy conscientes de sus misiones.

Muchas personas trataron de intervenir en su camino insistiendo en que se rindieran, pero nunca se rindieron porque hicieron lo que quisieron y lo lograron. Esto demuestra que la confianza es una cualidad clave de las personas exitosas.

Las personas exitosas tienen más control sobre sus vidas que lo que otros imaginan:

Las personas exitosas saben que la dirección que están tomando es la correcta. Entienden sus elecciones y confían en sus decisiones. Tienen control total sobre en qué dirección ir. Son particularmente muy fuertes en sus ambiciones, y ningún obstáculo puede desviarlos de su camino. Las personas exitosas tienen una mentalidad inteligente que la gente común. Son muy conscientes de cómo enfrentar situaciones y tratarlas en consecuencia.

Las personas exitosas saben que tienen que enfrentar momentos difíciles

El éxito no es pan comido. Es un hecho que para lograr su objetivo; siempre tienes que enfrentar dificultades.

Cuando las personas toman riesgos e intentan alcanzar grandes logros, también tienen que enfrentar tiempos difíciles. Las personas exitosas saben que para lograr algo, tienen que perder algo. Ellos creen que el éxito no viene sin dolor y dificultad. Todos dicen el fuerte dicho "el fracaso es el primer paso hacia el éxito".

Es un hecho que las personas exitosas sufren y luchan por alcanzar sus sueños, pero no se quejan, no retroceden y no disminuyen porque saben que cada lucha que enfrentan vale la pena por completo.

Las personas exitosas saben que otro destino les espera después de uno.

Las personas exitosas saben que el viaje para el que enfrentan problemas y dificultades es su destino. Debido a esto, disfrutan de su lucha y dolor, porque saben que al completar un destino, tendrán listo otro destino.

Para tener éxito, lo principal es el trabajo duro y la determinación, ya que solo requiere fuerza. Una persona con buenos sueños, ambición y trabajo duro puede lograr el éxito muy pronto. Saben que si se caen, no les servirá de nada. Avanzar con coraje es lo que los hará triunfar más rápido.

Estar preparado

Llegar al trabajo y esperar volar lo dejará preparado para mucho dolor. Descubrirá que no puede hacer todo y que las cosas se olvidan en un desastre. Debe asegurarse de que uno de los hábitos que está haciendo es prepararse para la semana, o al menos para el día, con anticipación.

Haz esto; puedes sentarte el domingo y diseñar todo lo que necesitarás para hacer durante la semana. Obtenga un planificador y anótelo en el orden y el día en que le gustaría hacerlo todo. Por supuesto, puede encontrar que las cosas se agregan a la mezcla en el camino, pero al menos tiene un punto de partida para comenzar, y las cosas se harán a tiempo. Esto es mucho mejor que simplemente volar y tener que apresurarse para hacer las cosas en el último minuto.

Celebrar todos los éxitos

Tiene sentido celebrar las grandes cosas que suceden en tu vida porque trabajaste duro para hacerlas realidad. Pero la mayoría de las personas también olvidarán celebrar las pequeñas cosas que suceden en su vida. Incluso los pequeños éxitos requerirán mucho trabajo, y los que tengan éxito se tomarán el tiempo para estas cosas. Esto significa que debe tomarse el tiempo para jugar y relajarse en el camino. Hay un momento para el trabajo y un tiempo para jugar, y cuando te asegures de tener suficiente de cada uno, podrás ver el progreso que estás haciendo y puedes seguir avanzando.

Deshacerse del miedo

El miedo no es una palabra en la que las personas exitosas pasan mucho tiempo. Por supuesto, a veces tendrán mucho miedo. A veces pueden preocuparse si su idea es la mejor o si fue la decisión correcta. Pero este miedo no les impedirá perseguir sus sueños. Saben ignorar el miedo porque no es tan fuerte como su deseo de ser algo grandioso. Si quieres aprender a ser una persona exitosa, debes aprender a ignorar el miedo y tener fe en que estás haciendo lo mejor para tu vida.

Enfoque adecuado

El enfoque es la forma en que vas a hacer las cosas. Si encuentra que está pensando en otras cosas, será difícil dar los pasos correctos hacia adelante y obtener los logros que desea. Cada vez que te distraigas, debes poder encontrar una manera de volver a encaminar tu mente. Recuerde ENFOQUE; Siga un curso hasta el éxito.

Pedir Ayuda

Es un error común que tengas que hacerlo todo por tu cuenta si quieres tener éxito. Piensan que tienen que hacerlo todo solos, seguir su curso y no hablar con nadie para ver el éxito que desean. Esto no es algo muy práctico si quieres tener éxito porque una persona no podrá hacerlo todo. Ninguna persona tendrá todas las respuestas.

Si no tiene miedo de pedir ayuda, habrá muchas personas dispuestas a ayudarlo. Hay otros que alguna vez estuvieron en su mismo lugar y que estarían más que felices de ayudarlo. No esperan que tengas las respuestas y te ayudarán porque saben cómo es comenzar y que en algún momento podrían necesitar tu ayuda con algo que no saben. La mayoría de las personas están demasiado asustadas para pedir ayuda porque sienten que demuestra que carecen del conocimiento correcto o que van a parecer incompetentes. Los empresarios exitosos saben que hacer preguntas es la única forma de aprender lo que necesita y salir adelante.

Estos son algunos de los hábitos que las personas exitosas pondrán en sus vidas para hacer que las cosas funcionen para ellos. Saben que poner toda su vida en orden y ser audaces y audaces son la única forma de que obtengan las cosas que desean y obtengan todo el éxito que se merecen.

LO QUE NECESITAS PARA EMPEZAR

Antes de sumergirse en su viaje a eBay de cabeza, analicemos algunas de las cosas que necesitará para despegar sus esfuerzos de eBay.

Habilidades Básicas de Escritura

No necesitas ser Shakespeare, pero poder escribir de manera coherente es una gran ventaja. Cuanto mejores sean tus habilidades de escritura, más profesional será tu negocio y más fácil será evitar cualquier confusión que pueda generar devoluciones o comentarios negativos. Algunos grandes vendedores de eBay pagan a otros para que escriban o editen sus publicaciones para obtener los mejores resultados, pero al principio, usted debe manejar este proceso usted mismo, ya que no tendrá una gran cantidad de capital en su cuenta de eBay.

Computadora, internet e impresora confiables

Tener una computadora confiable y conexión a internet es imprescindible. La experiencia del cliente depende en parte de su disponibilidad para responder a los mensajes, hacer ajustes a las publicaciones y revisar y tomar medidas cuando se vendan artículos. Si bien no necesita una computadora elegante, una que se congela constantemente causará dolores de cabeza y ralentizará su progreso. En un apuro, incluso una computadora portátil barata de $200-300 hará el trabajo. Algunos pueden operar principalmente a través de su teléfono inteligente, pero esto dificultará su capacidad de imprimir etiquetas a costos reducidos e investigar rápidamente.

Tiempo y Motivación

Sin la motivación y la dedicación de tiempo requeridas, cualquier actividad de negocio online o emprendimiento va a fracasar. Si va a correr el riesgo, debe permanecer dedicado a su nuevo negocio. Para algunos, los requisitos de tiempo inicial pueden ser solo unas pocas horas todos los días después del trabajo. A medida que las cosas se amplían, también lo requiere la participación de tiempo de usted. La automatización y la racionalización pueden ser necesarias a medida que crece su éxito. En algunos casos, contratar ayuda es una opción viable.

La motivación puede ser difícil, especialmente cuando ya tienes un trabajo de tiempo completo y solo quieres relajarte después de que termine la jornada laboral. Si necesita ayuda para mantenerse motivado, escriba una lista de las razones por las que está comenzando un nuevo negocio en línea. Ponga esto en algún lugar donde lo verá a menudo. No tengas miedo de soñar en grande. Anotar objetivos, mantras y motivadores y recordarle regularmente acerca de ellos ayuda a llevarlos a buen término. Honestamente puedes hacer esto.

Capital

La cantidad de dinero requerida para iniciar un negocio en eBay es mucho menor que comenzar su propio sitio web de negocio online o una tienda física, pero aún necesita al menos algo de capital para comenzar si hay algún plan para escalar rápidamente. Deberá poder comprar materiales de embalaje, pagar las etiquetas de envío y comprar productos para vender.

Si tiene muy poco capital para comenzar, no se preocupe. Puedes comenzar con casi nada. Puede llevar más tiempo escalar su negocio a un tamaño digno de dejar su trabajo diario, pero es posible. Puede comenzar vendiendo artículos de su casa para recaudar más capital antes de comprar productos para continuar con su éxito. Es muy posible que este dinero tenga que volver a su negocio de eBay. La mayoría de nosotros tenemos al menos algunas cosas que no nos importaría vender. Esto también te ayuda a acostumbrarte a vender en eBay antes de gastar una cantidad significativa de dinero.

Una cuenta de eBay

Deberá registrarse para obtener una cuenta de eBay. Cubriremos esto con mayor detalle más adelante. Puede ser conveniente crear una dirección de correo electrónico dedicada solo para este propósito, especialmente si planea ampliar su negocio. La cuenta es gratuita inicialmente, pero hay un costo involucrado en forma de tarifas. Muchas publicaciones se pueden publicar sin costo para el vendedor, pero el uso de opciones especiales puede generar algunos costos adicionales. Después de la venta de un artículo, hay tarifas adicionales basadas en el valor final. Esta tarifa suele ser del 10% del precio final. Esto puede parecer abrupto, pero otras soluciones de negocio online a menudo cobran tanto o más. Describiremos esto con mayor detalle en el Capítulo 3.

Una cuenta de PayPal

También deberá configurar una cuenta con PayPal. PayPal es un servicio de procesamiento de pagos que tiene su propio sistema de "billetera" para su dinero, pero también se puede vincular a tarjetas de crédito, tarjetas de débito y cuentas bancarias para facilitar los retiros. Realmente necesita aceptar pagos de PayPal para vender a través de eBay, pero tener una cuenta es gratis. El único inconveniente es que hay una tarifa de 3.5% en todas las transacciones de Bienes y Servicios, que se aplica a todos los artículos vendidos en eBay. Discutiremos esto más en el Capítulo 3 también.

Cámara

Tener una cámara réflex digital elegante es útil, pero una cámara decente para teléfonos inteligentes puede ser adecuada mientras tanto. Tomarse el tiempo para tomar fotografías detalladas es algo que realmente no puede evitar si desea obtener excelentes números de ventas. eBay no solo requiere al menos una imagen para cada subasta, sino que las imágenes son una excelente manera de vender artículos y mostrar a los clientes exactamente qué esperar. Cuando sea posible, configurar un área dedicada para las sesiones de fotos de su producto puede ayudar a crear más imágenes profesionales y generar más ventas.

Productos

Probablemente esto sea obvio, pero en realidad tener algo para vender es la piedra angular de su negocio. Hay muchas formas de adquirir productos para vender en eBay. Normalmente hablando, físicamente tendrá un producto para vender. Sin embargo, hay algunas oportunidades para vender productos digitales y oportunidades para vender productos incluso antes de comprarlos (dropshipping). Discutiremos todos estos temas en profundidad más adelante en el libro.

Suministros de envío

Es inteligente comprar al menos algunos de sus suministros de envío antes de enumerar cualquier cosa. Esto puede incluir:

- Cajas

- Sobres con Burbujas

- Cinta de envío

- Tinta de impresora

- Papel de impresora o etiquetas de envío adhesivas imprimibles

- Plástico de burbujas y/u otra amortiguación

Tener estas cosas con anticipación es una buena manera de impulsar sus comentarios positivos. Si puede enviar tan pronto como al día siguiente, sus calificaciones subirán rápidamente, los clientes seguirán contentos y lo sacará de su escritorio para que pueda concentrarse en otra cosa.

Investigación y Conocimiento

Lo último que necesita es conocimiento a través de la investigación. Si bien aprender sobre la marcha funciona bien desde el principio, cuanta más información encuentre de fuentes confiables, mayores serán sus posibilidades de evitar errores y, en lugar de tomar las mejores decisiones. Tómese el tiempo para aprender sobre su empresa y lo que otros han hecho antes de que pueda ayudarlo a alcanzar el éxito más rápido y hacer que su trabajo sea inteligente en lugar de difícil.

Eso es todo lo que realmente necesitas para comenzar. Probablemente ya tenga la mayoría de estas cosas disponibles o al menos no serán difíciles de conseguir, pero asegurarse de prepararse para el éxito desde el principio hace que la transición sea mucho más fácil de ser simplemente un consumidor en línea a un en línea proveedor.

CAPÍTULO 2: VENTAJAS DE UTILIZAR EBAY

eBay es el niño grande de la cuadra. Tienen 128 millones de usuarios activos que gastaron más de $83 mil millones de dólares en 2013. Con mucho gusto le permitirán acceder a ese mercado para una pequeña parte de la acción.

La mejor parte es que los vendedores ocasionales pueden participar y probar las aguas sin dinero por adelantado. Cada mes, los vendedores sin una tienda eBay pueden enumerar cincuenta artículos sin tarifas de inserción.

¿Nombra otro negocio que permita que 128 millones de compradores activos revisen tus cosas? ¿Sin cobrarle un solo centavo por adelantado?

Se habla mucho sobre cómo necesita crear su sitio web para enriquecerse. Los "gurús" en línea hablan sobre la creación de sitios especializados. ¿Pero alguna vez lo has probado? Es como tratar de alejar a tu hijo de doce años de la última versión de Call of Duty en su iPad.

No va a suceder.

¿Qué hace un pescador cuando quiere pescar? Él cuelga su línea donde los peces están mordiendo a otros pescadores.

Lo mismo ocurre cuando estás vendiendo en línea.

Puedes luchar contra la corriente río arriba. O bien, puede saltar directamente y dejar caer su señuelo donde los otros vendedores ya están enganchando a los compradores. La elección es suya, pero si desea obtener más ventas, debe ir a donde están los compradores. Y, por el momento, eso es eBay.

Mi pensamiento, y lo que mejor me ha funcionado, es comenzar en eBay. Construye un negocio del que puedas estar orgulloso, luego, cuando estés listo para extender tus alas, prueba las aguas en Amazon.

Cowen Internet Retail Tracker encuestó a compradores de Internet en 2013. Descubrió que el 53% de los encuestados realizó compras en Amazon y el 24% en eBay. Solo el 11% compró en Walmart.com, y menos del 7% compró algo en Target.com.

Si Walmart y Target no pueden competir con eBay y Amazon, ¿cuáles crees que son tus posibilidades?

Déjame repetirlo. Comience con eBay. Extiéndete en Amazon cuando sea el momento adecuado y disfruta de las ventas que te traerán.

Empecemos.

¿Dónde encuentras cosas para vender?

La primera pregunta que hace cada vendedor principiante de eBay es, "¿Dónde encuentro cosas para vender?"

Mi respuesta a esa pregunta es mirar a tu alrededor. Cuando comencé a vender en eBay vendí cosas que ya tenía en la casa. Vendí libros, tarjetas deportivas, ropa, zapatos y una computadora portátil rota. Lo nombras y puedes venderlo en eBay.

Es una locura en lo que la gente gastará su dinero. Ya sabes el viejo dicho: "La basura de un hombre es el tesoro de otro hombre". eBay demuestra que todos los días.

Si no ha revisado lo que está a la venta en el sitio, ¡pare todo! Pase unas horas navegando por las publicaciones. Comienza mirando cosas que te interesan, pero no te detengas allí.

Explore las categorías. Mira algunas de las cosas que las personas están enumerando. Le hará pensar dos veces la próxima vez que tire su basura a la acera.

Déjame darte algunos ejemplos:

Hay un tipo en la categoría de libros que vende páginas individuales de una Biblia de 1600. Obtiene $25.00 a $75.00 por página, dependiendo de las imágenes en ellos. Decenas de personas venden artículos viejos de revistas o anuncios por $10.00 a $50.00 cada uno. Las viejas revistas de Playboy comienzan en $5.00. Las revistas de moda con estrellas pop en la portada comienzan en $25.00.

Cualquier cosa en la categoría de ropa debe encontrar un comprador listo si le da el precio correcto. Los vendedores inteligentes combinan piezas en conjuntos. Incluyen varios pares de pantalones y blusas que puedes mezclar y combinar para conjuntos de una semana. Conozco a un tipo que visita las zapaterías locales cada semana. Compra sus liquidaciones y las revende en eBay por dos o tres veces más de lo que pagó.

Otra señora que conozco vigila los cierres en Marshall's, T J Maxx y The Gap. Cuando el precio es correcto, salta sobre un carrito lleno de modas y triplica su dinero vendiéndolos en eBay.

¿Tu ciudad tiene grandes lotes? ¿Qué tal un Target o Walmart?

Las tiendas minoristas realizan un flujo constante de ventas de liquidación. No hay nada malo con los artículos que están cerrando. A veces las cosas no se venden lo suficientemente rápido como para justificar el espacio en el estante. Otras veces son artículos de temporada. Al final de la temporada, la tienda necesita cambiar el inventario para maximizar su potencial de ventas. Ahí es cuando necesitas golpear sus contenedores de cierre.

La próxima vez que estés en la tienda, toma tu teléfono celular. Use la aplicación eBay o Amazon y compruebe para qué se venden algunos de esos artículos en línea. Puede sorprenderte.

A veces, los artículos de precio regular pueden ser solo el boleto que necesita para acelerar las ventas. Uno de mis amigos es organizador de fiestas. Ella ayuda a la madre a planificar las fiestas de cumpleaños de sus hijos y compra lugares como Party City para la mejor selección. Hace unos dos años tuvo la idea de armar paquetes de fiesta temáticos y ofrecerlos a la venta en eBay. Tres mil ventas después, su negocio está en apogeo.

Esto es lo que ella hace. Ella elige un tema, digamos Bob Esponja. Luego, cruza los pasillos buscando artículos relacionados con Bob Esponja. Busca platos, servilletas, sombreros de fiesta, bolsos de fiesta, papel de regalo, piñatas y dulces. Toma notas cuidadosas sobre el tamaño de los paquetes que se ofrecen. Escribe los precios, los descuentos por cantidad, etc.

Luego, se dirige a casa y ofrece paquetes de fiesta para ocho, doce y veinticuatro niños. Su inversión inicial es mínima. Ella compra los paquetes más pequeños que puede. Ella toma sus fotos y publica sus productos enmarcados en plantillas de fiesta. La mayoría de los paquetes de fiesta le permiten duplicar su inversión. A veces puede hacerlo mucho mejor cuando consigue ofertas especiales de liquidación.

Otro amigo mío encuentra la mayor parte de su inventario en las casas de empeño. Favorece los artículos más pequeños: joyas, CD y DVD. Cuando ve algo que le gusta, habla con el gerente acerca de hacer un paquete. ¿Qué precio me puede dar si compro veinticinco CD? ¿Qué tal si compro todos tus DVD? ¿Cuál es el mejor precio que me puedes dar? Otras veces puede hacer que el gerente agrupe dos o tres piezas de joyería en un paquete. Es sorprendente cuántas casas de empeño tratarán contigo cuando les muestres una pila de billetes de cien dólares.

¿Cuál es tu pasión?

¿Coleccionas cartas de béisbol? Sellos ¿Estatuas de Isabel Bloom? Es probable que encuentre un mercado listo en eBay si puede ofrecerlos a un precio atractivo.

CAPÍTULO 3: EMPEZAR UN NEGOCIO CON EBAY

Si bien nos queda un poco antes de crear nuestra primera lista, es aconsejable tomarse el tiempo para continuar y configurar sus cuentas de PayPal y eBay para que todo le resulte familiar una vez que esté activo en eBay. Comenzamos con PayPal porque es obligatorio y, a veces, puede llevar algunos días manejar los procesos de verificación.

CUENTA, PAUTAS, TARIFA DE EBAY

Paso 1. Comienza

Vaya a PayPal.com y haga clic en "Registrarse" en la esquina superior derecha de la página. También puede configurar una cuenta de PayPal a través de sus aplicaciones de teléfonos inteligentes.

Paso 2. Elija un tipo de cuenta

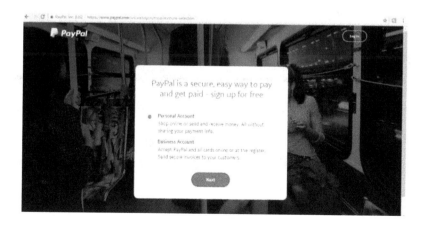

La siguiente página le preguntará qué tipo de cuenta prefiere configurar. Tenga en cuenta que puede usar una cuenta personal o comercial con su cuenta de eBay. Una cuenta comercial vendrá con algunas herramientas de informes adicionales, pero todas las tarifas son exactamente las mismas. Si ya tiene una cuenta y desea cambiarla a una cuenta comercial, PayPal lo permite. Para nuestros fines, configuraremos una cuenta comercial.

Paso 3. Elija características para pagos

La siguiente pantalla le preguntará qué tipo de servicio de pago desea. Tiene tres opciones: Pro, Standard y Express.

El servicio Pro permite algunas características adicionales que solo son ideales si administra su propio sitio web de negocio online, y cuesta $30 por mes. El paquete estándar es lo que usaremos porque permite tarjetas de crédito y todas las funciones de eBay. Express elimina la aceptación de tarjetas de crédito, pero no hay ninguna razón por la que quisiéramos hacer eso. Haga clic en "Seleccionar estándar" y continúe con el siguiente paso.

Paso 4. Ingrese su información personal

La siguiente página comienza solicitando su dirección de correo electrónico. Puede ser conveniente tener una dirección de correo electrónico dedicada a su negocio de eBay, de esa manera sus correos electrónicos de eBay no están inundando demasiado su bandeja de entrada personal. Solo debes asegurarte de revisarlo regularmente.

Sign up for a Business account

Enter the email address you'll use to sign up or log in

Enter your email address

Continue

Se le pedirá que elija una contraseña que se ajuste a sus criterios (al menos un número o símbolo, y debe tener 8 caracteres de longitud).

La siguiente página le pedirá su nombre, nombre comercial, dirección comercial, número de teléfono, etc. Una vez que apruebe y acepte todos los términos del servicio, tendrá que leer algunas páginas más, pero su cuenta es esencialmente creada.

Paso 5. Ingrese los detalles de su negocio

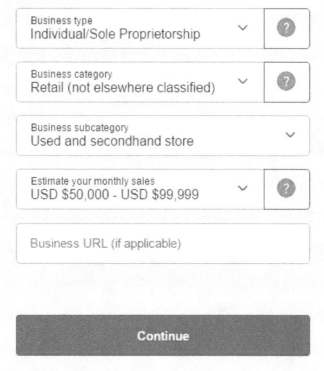

A continuación, se espera que proporciones información sobre tu negocio. Aproxima tus respuestas donde no estés seguro. Esto no es increíblemente importante tener otro derecho que no sea el tipo de negocio.

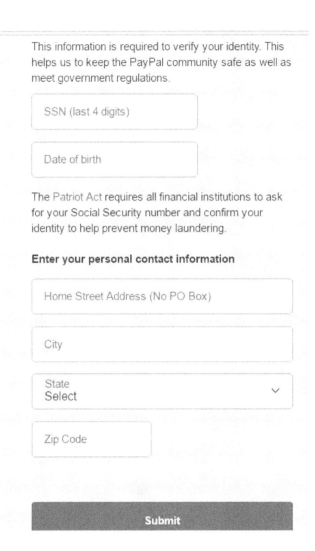

This information is required to verify your identity. This helps us to keep the PayPal community safe as well as meet government regulations.

SSN (last 4 digits)

Date of birth

The Patriot Act requires all financial institutions to ask for your Social Security number and confirm your identity to help prevent money laundering.

Enter your personal contact information

Home Street Address (No PO Box)

City

State
Select

Zip Code

Submit

Después de presionar continuar, lo llevará a una página que le solicitará sus datos personales. Si bien un usuario nuevo de PayPal puede desconfiar de esto, puede usar Google para verificar que PayPal es una plataforma legítima y segura para manejar sus transacciones financieras. Dejar esta información fuera no es una opción.

Paso 6. Elija los métodos de pago

La siguiente página le preguntará cómo prefiere comenzar a recibir el pago. Para nuestro propósito, vamos a hacer clic en "En eBay" al final de la lista. En la página siguiente, lo vinculará para configurar su cuenta de eBay. Haga clic derecho en este enlace y elija "Abrir en una pestaña nueva". Volveremos a esto pronto.

Mientras tanto, haga clic en "Configuración de la cuenta" encima de este enlace.

Paso 7. Verificar el correo electrónico

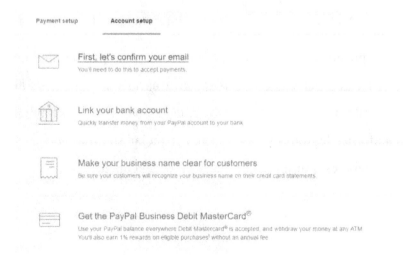

Haga clic en el enlace para confirmar su correo electrónico y siga los sencillos pasos que PayPal le brinda. PayPal le enviará un enlace en su correo electrónico que tiene un botón que dice "Confirme su correo electrónico". Haz clic aquí. Una vez que inicie sesión en PayPal nuevamente, su correo electrónico será verificado.

Paso 8. Vincula tu cuenta bancaria

Vuelva a la pestaña "Configuración de la cuenta" y haga clic en el enlace para vincular su cuenta bancaria a PayPal.

Esta página le dará una lista de bancos o le permitirá ingresar el número de ruta de su banco por su cuenta. También deberá ingresar su número de cuenta bancaria. Puede cambiar esto más adelante si cambia de banco. Una vez que su banco está vinculado, ¡está prácticamente listo para usar eBay!

CONFIGURAR CUENTA EBAY

Ahora que tiene una configuración de cuenta de PayPal, es hora de configurar su cuenta de eBay. Este proceso es bastante indoloro y se puede dividir en pasos simples para el primerizo. Sin embargo, si se ha registrado para obtener una cuenta en cualquier sitio web, no debería tener mucho de qué preocuparse.

Paso 1. Diríjase a eBay.com

Navegue su navegador web a eBay.com. En la esquina superior izquierda debe haber un enlace para "registrarse" justo al lado de un enlace "iniciar sesión". Haga clic en "registrarse" para comenzar el proceso.

Paso 2. Elija la cuenta "Personal" o "Comercial".

En la siguiente página hay un formulario pidiendo su información básica. La primera pregunta es si prefiere una cuenta personal o comercial. Para nuestras necesidades, generalmente elegimos una cuenta comercial. Elija una cuenta comercial si se cumple lo siguiente:

- Tiene la intención de enumerar los artículos que hizo o compró con el único propósito de revenderlos.

- Tiene la intención de vender grandes cantidades de artículos de manera regular.

- Utiliza su cuenta de eBay para comprar artículos para su propio negocio.

- Tiene un negocio legal y un nombre comercial.

Si usa una cuenta personal, aún podrá iniciar un negocio en eBay sin mayores problemas, y puede actualizar su estado más adelante a medida que las cosas comiencen a crecer. Funcionan esencialmente de la misma manera.

Paso 3. Ingrese los nombres y el correo electrónico

En el mismo formulario, ingresará su nombre o el nombre de su empresa. También les ofrecerá su número de teléfono y su correo electrónico. Si tiene la intención de administrar un gran negocio en eBay, le sugiero que cree una dirección de correo electrónico separada para su cuenta de eBay. De lo contrario, sus correos electrónicos personales comenzarán a ser invadidos por correos electrónicos de eBay que hacen que sea difícil mantenerse organizado. ¡Solo tienes que recordar comprobar esto con frecuencia! Sugiero usar Gmail.com para servicios de correo electrónico, ya que la confiabilidad de Google es difícil de superar.

Paso 4. Elige un nombre de usuario

A continuación, se le pedirá que elija un nombre de usuario. Este nombre de usuario aparecerá en todas sus publicaciones, creará una URL para su perfil y es una decisión importante por varias razones. Lo más importante, representa su profesionalismo y negocio. ¿Prefieres comprarle a alguien con el nombre de usuario "Harry_666_4life" o "HighTopHarry"? Es muy sencillo. Simplemente use el nombre de su empresa o algo similar.

Welcome to eBay!

Create a username. You can change it later if you'd like.

| Username |

Save and continue

Paso 5. Detalles del negocio

Luego, ingrese su dirección o la dirección e información de su empresa. Esto es bastante sencillo y no debería requerir ningún conocimiento especial. Es importante que esta información sea precisa porque lo llamarán o enviarán un mensaje de texto para obtener la verificación.

Tell us about your business

Please enter your **legally registered** business address and phone number. This is for verification purposes only.

Country / Region

United States

Legal business address 1

Legal business address 2

City

State

State

ZIP code

Legal business phone

+1

Tell us how to contact you

We'll use this info to notify you about account activity, or anything else that requires your attention.

Paso 6. Verificación

A continuación, deberá verificar su identidad mediante una llamada o mensaje de texto.

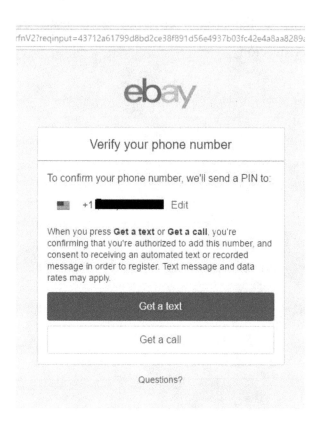

Cualquiera de los métodos le dará un número PIN que debe ingresar para finalizar su configuración. Después de recibir la llamada o el texto, simplemente ingrese el código PIN.

Paso 7. Elija el tipo de negocio

A continuación, elegiremos nuestro tipo de empresa. Para muchos de nosotros, esto puede ser "propietario único", al menos en esta etapa de nuestras carreras en eBay. Le pedirá que verifique su dirección legal, nombre, los últimos cuatro dígitos de su número de seguro social y su fecha de cumpleaños. También le pedirá la estimación del valor de su inventario. Esto puede ser una suposición descabellada si no tienes idea. No impacta nada importante.

Paso 8. Seleccione el método de pago

A continuación, puede configurar su método de pago. Sugiero usar PayPal como método de pago y luego vincular su PayPal a una tarjeta de crédito o cuenta bancaria si desea usar eso en su lugar. Esta es la forma más segura de evitar la posibilidad de que las personas tengan acceso a su información financiera personal y confidencial.

Cuando elija PayPal, tendrá que iniciar sesión en su cuenta PayPal para confirmar este cambio.

¡Eso es todo al respecto! Estás listo para usar eBay ahora.

CAPÍTULO 4: ETIQUETA/MARCA CREACIÓN Y REGISTRO

Todo empresario exitoso pasa suficiente tiempo detrás de la marca de sus productos y la comercialización de sus productos para atraer y retener clientes. A menos que sea el único vendedor de su tipo de producto, competirá con otros vendedores en eBay, tal vez cientos o miles como usted. La única forma de destacarlo es mediante la marca de sus productos de manera diferente y única. Tendrá que hacer que sus artículos sean notables entre miles de artículos similares. ¿Cómo lo haces? Lo haces con un marketing inteligente. Asegúrese de comercializar su producto a la demografía de su cliente deseado. Si se trata de dispositivos electrónicos, la foto debe atraer a un individuo experto en tecnología. Si se trata de una línea de ropa, debe ser capaz de atraer a personas modernas y de moda.

La mayoría de los trabajos fuertes en eBay ya están listos para ti. Pero puede hacer más sobre su Marca si usa algunas características adicionales. Si realmente quiere poner sus productos en alto, la mejor manera de hacerlo es usar la tienda eBay. Le permite mostrar todos sus productos juntos bajo un área de marca del nombre de su empresa. Los compradores pueden hacer clic en el área de su marca y ver qué productos tiene en eBay de un vistazo. Debe dedicar el tiempo suficiente para diseñar una tienda eBay dinámica, elegante y atractiva para su marca. Se trata de hacer un nombre, hacer una marca propia en el universo de eBay.

Si se suscribe a una tienda eBay, estará disponible en Mi eBay y podrá acceder a ella para diseñar la funcionalidad de su tienda. Puede hacer clic en la pestaña "Almacenar diseño" y usar HTML (lenguaje de diseño web) para diseñar una tienda eBay atractiva. También puede elegir su propio tema y diseño para la tienda. Puede elegir hasta 300 categorías de tiendas para mostrar sus productos en diferentes categorías.

La mejor manera de hacer marketing es a través del marketing por correo electrónico. eBay le permite enviar por correo a sus clientes de forma gratuita, por lo que debería aprovecharlo. Puede enviar hasta 100 correos electrónicos a la vez a sus clientes. Vaya a "Herramientas de marketing" y seleccione "marketing por correo electrónico" en "marketing de tienda". Aquí tiene la oportunidad de crear y enviar 100 correos electrónicos cada mes. Cree un correo electrónico llamativo de las últimas ofertas y descuentos y envíelo a 100 clientes potenciales o clientes leales. También puede enviar correos electrónicos de bienvenida a nuevos compradores potenciales. Use diseños HTML o de correo electrónico para hacerlo más interesante y llamativo.

Mantenerse a salvo de estafas

En general, eBay es una plataforma segura para hacer negocios sin interrupciones. Pero inevitablemente, habrá personas que intentarán hacer un mal uso de la plataforma y estafar a la gente. Estas son algunas de las estafas comunes que debes evitar:

Correos electrónicos falsos

Es posible que reciba correos electrónicos falsos con solicitudes extrañas que afirman que es de eBay, pero antes de abrir, debe verificar la información y las actualizaciones de seguridad más recientes de eBay.

Phishing

El estafador intentará convencerte de que la notificación por correo electrónico es real mediante el uso de logotipos de eBay. Es posible que soliciten información bancaria confidencial o información de tarjeta de crédito. Estos spam de phishing generalmente amenazan con cerrar su cuenta o dar algún tipo de advertencia. Incluso usan el enlace de términos y condiciones originales de eBay. Debe poder detectarlos para mantenerse seguro.

Métodos de pago alternativos

Nunca acepte otros métodos de pago que no sean los aprobados por eBay. Nunca use servicios de transferencia instantánea de dinero como Western Union o MoneyGram. Estos métodos de pago son altamente riesgosos e inseguros.

Cualquier trato fuera de eBay

eBay solo puede proteger su dinero y productos si las transacciones se realizan en eBay. De lo contrario, cualquier oferta fuera de eBay dependerá totalmente del consentimiento del vendedor. Si el comprador envía un correo electrónico al vendedor y el acuerdo / transacción se realiza fuera de eBay, ninguna parte puede responsabilizar a eBay si algo sale mal; aunque las publicaciones podrían haberse hecho en eBay.

CAPÍTULO 5: CRITERIOS PARA SELECCIONAR EL PRODUCTO A VENDER CON HERRAMIENTAS APROPIADAS

Hay ciertas habilidades y herramientas que necesitará tener para vender con éxito en eBay. He visto a demasiadas personas nuevas intentar vender en eBay sin haber dominado estos puntos o adquirido el equipo necesario. No hace falta decir que sus carreras de venta en eBay fueron de corta duración. Si bien es tentador lanzarse de cabeza a la venta en línea, se necesita mucho más para usar eBay que solo tener productos para vender.

Equipo: Los primeros tres equipos que debe tener para vender en eBay son una **computadora, una impresora y una cámara digital**. También necesita acceso a Internet y un sólido conocimiento práctico de las computadoras. Si bien no necesita saber programación o código html para vender en línea, eBay es un negocio en línea que se ejecuta a través de Internet utilizando computadoras; por lo tanto, no solo necesita sentirse cómodo con Internet, las computadoras y las impresoras, sino que también debe poseer estas herramientas.

Tener una computadora configurada puede parecer completamente obvio para la mayoría de las personas, pero no puedo decirle cuántas veces me ha contactado alguien que me pregunta cómo pueden vender en eBay ... ¡sin una computadora! ¡O por personas que no tienen idea de cómo usar uno!

Si aún no tiene una computadora, impresora y / o teléfono inteligente / cámara digital, comience a comprar las ventas y busque un modelo básico; puede obtener una configuración inicial de equipos desde $500 hasta $1000. Actualmente uso una computadora portátil HP, una impresora HP LaserJet y la cámara de mi iPhone para tomar fotos (aunque comencé con una cámara Canon de apuntar y disparar básica).

Si no está familiarizado con las computadoras o si necesita repasar sus habilidades, busque clases de computación gratuitas o de bajo costo en su área en la biblioteca, el colegio comunitario o el centro recreativo. Muchas universidades en estos días también ofrecen "cómo vender en clases EBay"; Si bien leer libros es una excelente manera de aprender, a veces también es útil que alguien te ayude en persona.

Acceso a internet confiable es fundamental para vender en eBay. Pago $50 por mes por acceso a Internet de alta velocidad. La mayoría de las compañías de telefonía y cable ahora ofrecen servicios de Internet, incluidos módems para que pueda tener acceso inalámbrico. Llame a los proveedores de Internet en su área y pregunte sobre cualquier paquete o oferta especial que tengan para nuevos clientes. Sin embargo, tenga cuidado de quedar encerrado en un contrato a largo plazo; y asegúrese de estar al tanto de cualquier aumento de precios que tendrá lugar una vez que finalice el especial introductorio.

Espacio: No solo necesita un espacio de oficina para su equipo informático, también necesita espacio para almacenar su inventario y suministros de envío. Actualmente tengo un sótano dedicado a mis acciones de eBay, pero en un momento lo tenía todo en una habitación libre. E incluso si no planea administrar un negocio eBay a gran escala, necesitará un lugar para guardar los artículos que está vendiendo, ya sea un armario libre o la esquina de una habitación. Si bien la mayoría de mis artículos eBay están en mi sótano, el inventario eBay y los materiales de envío tienden a encontrar su camino en todas las partes de mi hogar.

Oh, ¿acabo de mencionar los materiales de envío? Desde cajas y sobres hasta cintas y papel de embalaje, los suministros que necesita tener a mano para enviar sus artículos de eBay pueden llenar fácilmente un armario por su cuenta. De hecho, tengo cuatro estanterías (5 estantes cada una) y un escritorio dedicado a mis suministros de envío de eBay. Hablaré más sobre los suministros de envío específicos que necesita en el futuro.

También tengo una mesa separada en mi oficina para mi báscula digital, así como un espacio dedicado para tomar fotografías. También invierto en tarjetas de gabinete que se incluyen en cada paquete que agradece a los clientes por su pedido. ¡Las "cosas" que necesito para administrar mi negocio en eBay casi ocupan tanto espacio como mi inventario!

¿Suena todo esto como demasiado dinero? ¿Odias la tecnología y no tienes ningún deseo de aprender sobre computadoras? ¿Te das cuenta de que no tienes espacio para almacenar inventario y cajas de envío? Entonces vender en eBay puede no ser para ti. Sin embargo, si tiene o puede obtener el equipo necesario, ¡siga leyendo!

Escala digital: Un artículo que DEBE tener si va a vender en eBay es una balanza digital para pesar paquetes. Puede comprar balanzas digitales por alrededor de $20 en eBay, y también se venden en tiendas de suministros de oficina y en Amazon.

No necesita un modelo elegante, solo una báscula que pese onzas y libras. He tenido la misma balanza digital durante más de siete años; es una inversión que DEBE hacer si va a enviar sus pedidos de eBay usted mismo. Si no está dispuesto a comprar una báscula digital para su envío de eBay, entonces debe dejar de leer este libro y resignarse a transportar todos sus paquetes a la oficina de correos.

Me he encontrado con muchos vendedores a lo largo de los años que venden en eBay sin una escala. Estiman el envío, cobran de más a los clientes en algunos casos (y reciben comentarios negativos) o cobran de más y pierden dinero. O llevan todos los artículos a la oficina de correos ANTES de enumerarlos para aumentar de peso, enumerarlos y luego regresar a la oficina de correos para el franqueo después de la venta. ¡Eso, para mí, es una enorme pérdida de tiempo y dinero para gas!

También veo muchos vendedores cobrando a todos los clientes una tarifa plana por el envío, lo cual es otro gran error. Los compradores acuden a eBay para obtener ofertas, y los cargos de envío influyen en eso. Como dije anteriormente, cobrar una tarifa plana resultará en un sobrecargo para algunos clientes y un sobrecargo para otros. Sin embargo, si ofrece ENVÍO CALCULADO, el comprador paga el costo de envío real en función del peso del paquete y el código postal al que se dirige. Si tiene una balanza digital a mano, usar el envío calculado es muy sencillo. Hablaré más sobre el envío más adelante en este libro.

Otros vendedores ofrecen envío "gratis", agregando el costo del artículo a su costo de envío estimado. Si bien ofrecer envío gratis es un movimiento inteligente para artículos livianos (por ejemplo, si tiene una joya que pesa 2 onzas, puede ofrecer fácilmente envío gratis y absorber los $1 que costará enviar), puede ser contraproducente en los más pesados artículos como los compradores saben cuando un vendedor ha inflado el precio de un artículo para cubrir el envío. No desea dar la apariencia de que está ganando dinero con los costos de envío y corre el riesgo de recibir comentarios negativos.

En lugar de adivinar los costos de envío o ir y venir a la oficina de correos, puede ahorrar tiempo y dinero imprimiendo fácilmente sus etiquetas de envío desde su casa ... ¡y una balanza digital lo hace posible!

Cajas & Sobres: No puede pegar una etiqueta directamente en un libro y enviarla por correo (aunque, lamentablemente, algunos vendedores nuevos hacen esto). El envío requiere suministros de envío, y eso significa enviar cajas y sobres.

Lo mejor del Servicio Postal de los Estados Unidos (USPS) es que ofrecen **cajas de envío de correo urgente GRATUITAS** (hablaré mucho más sobre el correo urgente y las otras formas de servicios de envío que se aproximan). Si bien Correo Prioritario es una excelente opción para enviar la mayoría de los paquetes, necesitará otras formas de empaque para Media Mail, First Class Mail y Parcel Select, así como para envíos internacionales. Básicamente, necesita dos formas de envío de cajas / sobres: cajas de correo prioritario y sobres para correo de prioridad, y **cajas y sobres simples** para correo de medios, correo de primera clase y selección de paquetes.

Antes de salir corriendo y comprar nuevas cajas de envío y sobres, revise su casa para ver qué tiene a mano. Las cajas de cartón lisas, los sobres de papel manila y los anuncios publicitarios de burbujas se pueden usar para correo no prioritario. Si ya tiene a mano artículos que incluirá en eBay, revíselos para determinar el embalaje que necesita. Quizás solo vayas a vender libros, para lo cual los anuncios publicitarios de burbujas y las cajas resistentes son suficientes. Sin embargo, si solo planea vender artículos grandes, no necesita preocuparse por abastecerse de sobres.

Tengo a mano una gran variedad de cajas y sobres. Si bien utilizo los buzones de correo prioritario gratuitos y los anuncios publicitarios de burbuja de la oficina de correos, invierto en bonitas cajas de envío de Uline.com, así como en sobres de correo postal de ValueMailers.com. También tengo sobres de correo de burbuja manila que compro en Sam's Club. Tanto Amazon como eBay también son excelentes para pedir suministros de envío.

Sin embargo, debido a que he estado vendiendo en eBay durante años y estoy establecido como negocio, estos son artículos que puedo comprar y luego deducir como gastos comerciales. Si recién está comenzando, use lo que ya tiene a mano; y no dudes en pedirles a tus amigos y familiares las cajas que puedan tener. Con más y más personas comprando en línea, muchas personas han acumulado cajas de cartón de las que están desesperados por deshacerse. Guardo todas las cajas en las que recibo un envío. A menudo ordeno en línea desde Amazon, y sus cajas son de un gran tamaño para enviar artículos de formas extrañas, como juegos de mesa.

Si está utilizando cuadros reutilizados, asegúrese de usar un marcador para ocultar cualquier escritura en el exterior del cuadro. Desea ocultar cuidadosamente cualquier nombre de la empresa u otra información en el exterior. Siempre recojo los gruesos Sharpies negros cuando los veo a la venta para este mismo propósito.

Además, no envuelva sus cajas en papel de regalo marrón. Esto es algo que veo que hacen muchos vendedores nuevos de eBay, pero es completamente innecesario. No solo es una pérdida de tiempo y dinero, la Oficina de Correos prefiere que NO envuelva sus cajas, ya que el papel puede quedar alojado en las máquinas de clasificación.

Materiales de Embalaje: No puedes simplemente tirar un artículo a una caja y enviarlo sin materiales de embalaje para guardarlo dentro de la caja (bueno, PUEDES, como he visto hacer muchos vendedores nuevos, pero no deberías). Debe ENVOLVER sus artículos para protegerlos dentro de la caja. Nuevamente, dado que tengo un negocio eBay establecido, invierto en **papel de embalaje** reciclado para envolver los artículos. Sin embargo, luego uso periódicos para proteger aún más el artículo. NO envuelva su artículo en el periódico directamente; no quieres que la tinta de los periódicos se derrame en tus productos.

Además del papel de embalaje, también compro **papel de burbujas**. En mi área, descubrí que Sam's Club tiene el mejor precio en plástico de burbujas. El plástico de burbujas es imprescindible para proteger la cerámica, como las tazas de café (¡de las cuales vendo mucho!). Una vez más, después de que el artículo está envuelto de forma segura en plástico de burbujas, luego uso el periódico para guardarlo dentro de la caja.

Siempre es bueno tener a mano las **bolitas de poliestireno** para usar en los envíos, pero comprarlos nuevos es costoso. Guardo todo lo que obtengo de los pedidos en línea que yo mismo hago, y les digo a mis amigos y familiares que con gusto les quitaré sus cacahuetes de embalaje no deseados. La mayoría de las personas están felices de deshacerse del embalaje de maní que tienen, ya que es un desastre estático con el que lidiar y no se puede reciclar.

Para cerrar sus paquetes, necesita cinta de embalaje. Se puede encontrar cinta de embalaje transparente en las farmacias, grandes tiendas minoristas, tiendas de suministros de oficina, clubes de almacenes e incluso en las tiendas de dólar. Compro mi cinta de embalaje en Staples o Sam's Club. Una caja de cinta de la marca Staples cuesta $30 y me dura un año; la marca 3M que vende Sam's Club contiene seis rollos grandes y dura varios meses.

También tengo un dispensador de cinta de mano rojo (se vende justo al lado de la cinta). Si recién comienza, le recomiendo que compre un kit con el dispensador de cinta y algunos rollos de cinta adicionales. Por lo general, puede encontrar un kit de este tipo por $10-15 en la sección de cintas de la mayoría de las grandes taquillas y tiendas de descuento. Solo necesita comprar el dispensador una vez y luego rellenar con cinta según sea necesario. Compre el dispensador de cinta y la cinta de mejor calidad que pueda, ya que usará menos cinta. La cinta barata no es un buen negocio si tiene que usar más para sellar paquetes.

Estación de envío: Ahora que tiene todos sus suministros de envío, necesita un lugar para preparar sus envíos. Si tiene el espacio, es bueno designar un área para el envío. Tengo una mesa en mi oficina donde mi báscula digital siempre está lista. Está justo al lado de mi computadora para que pueda pesar los artículos a medida que los estoy enumerando (nuevamente, hay mucho más sobre esto a continuación). Lo más importante es tener su báscula digital en una superficie plana para que pueda obtener una lectura precisa.

Tengo estanterías para todas mis cajas, sobres, materiales de embalaje y cinta adhesiva. Nuevamente, dado que tengo un negocio establecido, tengo muchos materiales. Sin embargo, si recién está comenzando, use un espacio apartado (tal vez en el sótano) para sus suministros de envío. Debes asegurarte de que tus suministros (y los artículos que vendes) estén lejos del humo, las mascotas u otros olores domésticos. Sí, los clientes se quejarán si encuentran pelos de perro dentro de sus paquetes; y las quejas sobre el humo del cigarrillo pueden generar comentarios negativos.

Debido a la configuración del sitio web de eBay, hay algunos tipos de artículos que se venderán en el sitio mejor que otros. Aunque lo verá todo al mirar las publicaciones, algunos artículos simplemente no se venden y no vale la pena el tiempo para comprarlos y enumerarlos. Saber lo que estás buscando cuando compras en una tienda de segunda mano te ayudará a ahorrar tiempo y energía al comprar en una tienda de segunda mano.

Si no eres un comprador frecuente de eBay, es posible que no sepas qué es lo que le cuesta mucho dinero. ¡No temas! Vamos a explorar eBay y los artículos que puede encontrar en su tienda de segunda mano que se venderán por mucho dinero. No todo lo que ves en una tienda de segunda mano se puede vender a través de eBay. Recuerde que es un sitio de subastas y algunos artículos no se venden bien dentro de este tipo de formato. En este capítulo, voy a hablar sobre algunos de los artículos que desea considerar para revender en eBay que le permitirán obtener el mejor precio. Sin embargo, ¡también puedes encontrar otros artículos extraños que puedes vender!

Electrónicos

Aunque podría pensar que los productos electrónicos en una tienda de segunda mano pueden ser disfuncionales y no valen la pena, la verdad es que algunos de los productos electrónicos donados se pueden vender por mucho dinero. Por ejemplo, mucha gente está buscando artículos electrónicos como los Sony Walkman clásicos y otros artículos tecnológicos más antiguos que inicialmente verías como que tienen poco o ningún valor. Las personas buscan constantemente productos electrónicos más antiguos, por lo que solo porque significa poco para ti, podría tener un gran valor para otro.

¡Mi esposo y yo somos ávidos vendedores de eBay y descubrimos que muchos de los productos electrónicos que compramos en una tienda local de segunda mano se vendieron por dos o tres veces más de lo que los compramos! Era cuestión de encontrar dispositivos electrónicos que funcionen que sabíamos que eran raros, enumerarlos y venderlos. Entonces, un Walkman de dos dólares se ha convertido en un artículo de seis dólares. Eso es una ganancia de cuatro dólares. Por supuesto, esto es solo un ejemplo, ¡por lo que las cifras no son necesariamente precisas!

Cuando vaya a la sección de electrónica, busque artículos que fueran populares cuando era niño. Los viejos sistemas de juego, equipos de música y otros dispositivos electrónicos pueden ser un artículo de moda para vender en eBay. La mejor parte de la mayoría de las tiendas de segunda mano es que proporcionan un área para probar el artículo antes de la compra, para que pueda sentirse mejor sobre el estado de su compra antes de salir de la tienda.

Libros

Los libros son otro artículo que se puede vender en eBay. Sin embargo, desea encontrar libros que sean coleccionables, antigüedades o raros. Si se trata de un libro que se puede encontrar en casi cualquier lugar, los compradores lo ignorarán. Cuando buscan libros en eBay, buscan libros con características especiales, como primeras ediciones, copias autografiadas o libros raros. Por ejemplo, los Little Golden Books tienen una primera edición que valen mucho dinero si se encuentran en buenas condiciones. Tenga en cuenta los libros y cómo encontrar los que se pueden vender en una subasta.

Juguetes

Muchos juguetes que se pueden encontrar en una tienda de segunda mano son coleccionables y se venderán por buen dinero en eBay. Los juguetes más antiguos, como los juegos de mesa coleccionables y las muñecas Barbie, pueden valer dinero si tienen la edad suficiente y la demanda. Sin embargo, los coleccionistas no querrán comprar estos artículos a menos que estén en buena o superior forma. Por lo tanto, antes de comprar tales juguetes, asegúrese de que estén en buenas condiciones o de que pueda limpiarlos.

Los peluches clásicos también valen dinero. Obtenga una idea de cómo se ve un juguete viejo o un animal de peluche y búsquelos en la sección de juguetes. A veces, dado que los niños juegan con los juguetes, es posible que tenga que cavar para encontrar lo que podría ser un gran hallazgo. Entonces, sea paciente y vea las posibilidades en lo que está viendo.

Figuritas y Cristalería

Otro gran artículo para vender en eBay son las figuras. Si entras en una tienda de segunda mano, notarás que hay pasillos de figuras y decoración del hogar. Eche un vistazo a través del desorden en estos estantes para ver si puede encontrar artículos que valga la pena vender. Las figuras valiosas tendrán números que las colocarán como parte de una colección limitada. Cuanto menor sea el número, mayores serán las posibilidades de que valga la pena. También busque para ver si puede encontrar formas más raras de coleccionables populares, como Precious Moments, valdrá la pena.

La cristalería que es más antigua y única también puede tener un valor significativo. Estas piezas a menudo se mezclan con la decoración del hogar y otras figuras o puede encontrarlas en los artículos de cocina. La clave para encontrar artículos que valgan la pena es ser paciente y estar dispuesto a trabajar en lo que podrían parecer montañas de basura.

Bolígrafos y accesorios de escritura

Puede sonar tonto, pero la gente realmente dona bolígrafos y accesorios de escritura que pueden valer algo de dinero. Las tiendas de segunda mano las empaquetan en bolsas grandes y las mezclan con otros suministros de oficina. Muchas personas no saben que hay valor en algunos bolígrafos o lápices. Sin embargo, los bolígrafos y lápices hechos de plata esterlina y otros metales o resina pueden enganchar un buen dinero en eBay.

El secreto para encontrarlos es saber qué tipos de bolígrafos valen el dinero y estar dispuestos a pasar un tiempo mirando todas las bolsas de azar al azar para ver si hay algo en ellas que valga la pena.

Tómese un tiempo y mire el sitio web completo de eBay para tener una idea de lo que podría vender que ha visto en su tienda de segunda mano. Una vez que vea lo que se vende, le resultará más fácil encontrar lo que está buscando al entrar por las puertas. Saber qué buscar y dónde encontrarlo es esencial al encontrar artículos de la tienda de segunda mano.

PUBLICANDO SUS ARTÍCULOS A VENDER EN EBAY

Si nunca ha usado eBay para vender en el pasado, la idea de vender artículos en línea puede parecerle un poco desalentador. Existen muchos límites entre las personas y su potencial de venta debido al hecho de que no se sienten cómodas con las ventas en línea. Sin embargo, muchos negocios ahora provienen de las ventas en línea, así que no se pierda la oportunidad de ganar dinero simplemente porque se siente intimidado por el sitio web. En este capítulo, lo guiaré a través de los métodos para maximizar sus ganancias mediante la forma en que enumera sus artículos en eBay.

Una vez que tenga artículos que se pueden vender en eBay, debe saber cómo usar el sitio web para asegurarse de aprovechar al máximo la experiencia. Como se mencionó anteriormente, debe tener una cuenta de vendedor para poder vender. Es fácil registrarse para esto.

eBay le cobra tarifas por los artículos que usted enumera y vende, así que tenga en cuenta esto cuando fije el precio de sus artículos. El sitio también le pide que configure un método en el que prefiere que sus compradores le paguen. Prefiero usar PayPal, ya que es seguro y fácil de usar.

Antes de siquiera pensar en enumerar sus artículos, hay algunas cosas que desea asegurarse de hacer para obtener el máximo valor de lo que está vendiendo. En primer lugar, desea tener una descripción detallada del artículo. Esto incluirá cualquier daño que tenga el artículo, tamaño, peso y cualquier otro atributo que le dará al comprador una idea clara de qué esperar del artículo. En segundo lugar, desea tener una buena imagen del artículo. Si el artículo tiene muchos lados, querrá tomar fotografías de todos ellos para asegurarse de que el comprador pueda ver todo el artículo. Por último, debe asegurarse de iniciar el artículo para ofertar a un precio razonable que esté por debajo del valor de mercado. Las personas ofertarán por el artículo y subirán el precio, por lo que no estarán tan inclinados a ofertar si el artículo tiene un precio alto, para empezar.

Si tiene un artículo que sabe que se venderá a un precio establecido, no tenga miedo de usar la opción de venderlo a un precio establecido. Las personas buscan artículos específicos todo el tiempo, y si tienes lo que están buscando, querrán comprarlo directamente. La configuración de la subasta también le da la opción de venderlo como un "cómprelo ahora". Si la persona quiere el artículo con la suficiente urgencia, puede omitir las ofertas y simplemente comprar el artículo por la cantidad que solicite. Dado que hay diferentes formas de vender su artículo, tiene una mejor oportunidad de obtener lo que desea para el artículo que ha enumerado.

Una vez que tenga una lista adecuada, deseará configurarla en el sitio web y elegir cuánto durará la subasta, si dejará que el comprador la compre directamente y qué método de pago prefiere. El sitio web del vendedor lo guía a través de estos pasos a fondo, haciendo posible cubrir todo lo que se necesita para tener una venta exitosa.

Piense en cómo le gustaría ver una publicación. ¿Qué le gustaría mirar más allá? Intente duplicar estos factores cuando diseñe sus publicaciones para el público. Desea que sea exhaustivo, pero capte la atención de quienes navegan por el sitio web. Cuantas más vistas tengas, más posibilidades tendrás de vender tu artículo por el precio que deseas vender.

El siguiente paso es abrir realmente la subasta para ofertar. Si tiene una lista más larga, querrá revisar sus mensajes diariamente para asegurarse de que puede responder las preguntas que puedan tener los posibles compradores. Una buena comunicación es una buena manera de obtener comentarios positivos una vez que se vende el artículo. También podría aumentar las posibilidades de que obtenga una mejor oferta por el artículo.

Si tiene dudas sobre cómo enumerar un artículo, eche un vistazo a artículos similares a lo que está vendiendo y obtenga algunas ideas sobre cómo las personas los describen y los enumeran. Al enumerar su artículo correctamente y hacer que se vea bien para el comprador, tendrá una mejor oportunidad de obtener el mejor precio para su artículo. ¡Cuanto más dinero gane el artículo, más ganancias obtendrá!

CAPÍTULO 6: DONDE COMPRAR EL PRODUCTO A VENDER

El precio puede hacer o deshacer el trato.

Si el precio de su artículo es demasiado alto, no se venderá. Si el precio es demasiado bajo, va a dejar dinero sobre la mesa.

¿Entonces, Qué haces?

Cada vendedor tiene una estrategia de precios. Algunos vendedores establecen un precio arbitrario. Se dicen, **Quiero obtener $25.00 por eso**.

Otros vendedores establecen sus precios en función de sus costos. Si pagan $20.00 por un artículo, quieren duplicar o triplicar su dinero. Por lo tanto, valoran su artículo en consecuencia. A algunos vendedores les gusta elegir precios locos y publicarlos con la esperanza de obtener algunos puntajes importantes. Ves esto en Amazon y eBay mucho en las categorías de libros. La mayoría de los vendedores ofrecen un libro por cinco o diez dólares. En la parte inferior de la lista, hay varios vendedores que ofrecen el mismo libro por $100.00, o incluso $500.00. ¿Funciona? A veces. ¿Funcionará para ti? Tal vez.

Mi sugerencia es probar diferentes modelos de precios y descubrir cuál funciona mejor para usted.

Los vendedores profesionales valoran sus artículos de manera diferente.

Investigan todo para asegurarse de obtener el mejor precio posible para sus artículos.

Volvamos a nuestro ejemplo de investigación avanzada anteriormente en este libro. Cuando busca artículos por ventas cerradas, sabe qué cosas como la suya se han vendido recientemente.

¿Qué te dice eso?

Usted conoce el precio exacto de los artículos en condiciones similares recientemente vendidos. No hay necesidad de adivinar. Sabes lo que la gente real está dispuesta a pagar por tu artículo.

Puede profundizar más y ver solo las subastas. Esto le da la oportunidad de determinar cuál es el mejor precio inicial para su artículo. Veamos los iPhone.

Los iPhones que se vendieron al precio más alto comenzaron en 99¢, o $9.99. Los iPhones que se lanzaron a estos precios se vendieron por la mayor cantidad de dinero y recibieron la mayor cantidad de ofertas.

También podemos ver lo que sucedió con los iPhones que comenzaron en $99.99, $299.00 o más. La mayoría de ellos recibieron menos ofertas y se vendieron por menos que los iPhones que comenzaron a un precio más bajo. Eso nos dice que si queremos obtener el mejor precio posible, necesitamos comenzar nuestro iPhone a 99 ¢ y dejar que el mercado establezca el precio.

¿Hay algún elemento de riesgo involucrado al comenzar su artículo a 99 centavos? Sí, pero no es tan bueno como crees.

Su investigación le brinda el precio óptimo por el que su artículo debería venderse. Los iPhones y otros productos electrónicos generalmente se comercializan en un rango de precios ajustado, por lo que puede esperar obtener algunos dólares a ambos lados del precio medio. A veces el rango es más amplio de lo que esperas. Depende de cuántos artículos se cierren cuando el suyo sea y cuántos licitadores estén activos en ese momento.

Si vende la mayoría de sus artículos a un precio fijo, la investigación avanzada aún puede ayudar.

Busque por artículos vendidos que se vendieron a precio fijo. Esto devolverá una lista de artículos que se vendieron, por cuánto se vendieron y si comenzaron con una compra ahora. Si se vendieron usando un comprarlo ahora, puede ver a qué precio se vendió el artículo.

Otra forma de establecer su precio fijo es mirar para qué artículos similares se venden en una subasta. Establezca los precios de comprarlo ahora justo por debajo del precio máximo por el que se vendió el artículo en una subasta. Luego, agregue la mejor oferta y configúrela para que acepte al precio más bajo que esté dispuesto a aceptar.

A veces, la investigación avanzada no puede ayudarte.

Si vende artículos únicos que nunca se han vendido antes o los vende con poca frecuencia, es posible que tenga que venderlos.

Mira por qué se han vendido artículos similares o apuñálalo, y adivina. Qué es lo peor que puede pasar? Su artículo no se vende y usted lo vuelve a fijar. O bien, vende su artículo por menos del dólar principal, pero aún así gana dinero.

Si tiene muchos artículos similares para vender, enumérelos a precios diferentes. Luego corre con la cantidad que te trae la mayor cantidad de ventas.

Los artículos únicos representan un desafío adicional para los vendedores a quienes les gusta ponerle precio a todo desde 99 ¢ y dejar que el mercado establezca el precio. Si los compradores no se materializan para su artículo, se venderá por 99 ¢ o $1.04.

Aquí hay una advertencia para los vendedores.

Si tiene un artículo único, comenzar su subasta a 99 ¢ puede ser la peor decisión que tome. Una mejor estrategia sería comenzar su artículo al precio más bajo que esté dispuesto a aceptar. Esto te protege de lo inesperado.

Cómo conseguir el mejor precio

Al igual que con la mayoría de las plataformas principales para vender sus productos en línea, eBay no es exactamente gratis. Hay varias tarifas asociadas con cada producto vendido. Tener una comprensión general de estas tarifas es extremadamente útil para determinar si vale la pena vender un producto, cuánto puede esperar hacer y cuál es un precio justo para incluirlo en la lista, lo que le da al cliente un valor decente pero aún así genera una ganancia.

Como regla general, considere sus tarifas aproximadamente el 15% del precio de venta del producto, incluido el precio de envío. Esto no es del todo exacto, pero dentro de estos parámetros, sabrá que está obteniendo ganancias o si no vale la pena vender el artículo.

Para desglosar aún más cómo funcionan las tarifas con eBay, analicemos sus tarifas generales.

Lista de comisiones

Todas las cuentas recibirán al menos algunas publicaciones gratuitas cada mes. Esto está determinado por el estado de su cuenta y qué tan bien administra su negocio. También se puede determinar al ser propietario de una tienda eBay, que discutiremos más adelante en un capítulo posterior.

Una cuenta estándar de eBay recibe 50 publicaciones gratuitas por mes. Como esto se vuelve muy poco para usted, puede valer la pena abrir una tienda eBay solo para las publicaciones gratuitas adicionales, pero debe sopesar los costos y beneficios para su propio modelo de negocio.

Las tarifas de publicación pueden variar según la categoría, pero la tarifa de inserción estándar es de $0.30 centavos por publicación sobre sus publicaciones gratuitas asignados. Con las subastas, recibirá la tarifa como crédito si se vende. Esta tarifa es permanente con publicaciones de precio fijo "¡Cómpralo ya!". Las guitarras y los bajos siempre se pueden enumerar de forma gratuita (no nos pregunte por qué, porque no lo sabemos).

Tasas de valor final

Las tarifas de valor final son donde eBay hace su parte de sus ganancias. Esto generalmente será el 10% del valor final por el que se vendió su artículo y, por alguna razón, incluye el costo de envío que cobró. Entonces, si vende un artículo por $100 con $20 de envío, eBay recibe $12 de esto solo por facilitar la venta.

¡La tarifa de valor final para la categoría de guitarras y bajos es solo del 3.5%! Entonces, si está en el negocio de vender instrumentos, será un gran ahorro de dinero para usted.

Tarifas de PayPal

PayPal cobra una tarifa fija del 3.5% de todo el dinero recaudado. Si recibe $100, les pagará $3.50 para facilitar el intercambio de fondos. La única excepción son los pagos de obsequios "Amigos y familiares", pero no son posibles a través de eBay.

Poniendo Todo Junto

Comprender cómo se suman estas tarifas tiene un gran impacto en su capacidad de fijar el precio de sus artículos de manera justa y de un precio lo suficientemente alto como para generar ganancias. Teniendo en cuenta estas tarifas, echemos un vistazo a cómo funcionan las ganancias en eBay.

Digamos que compramos un disco de vinilo antiguo de los Beatles por $10 en una venta de garaje. ¡Qué robo! Revisamos eBay, y los últimos tres en la misma condición se vendieron por $90. Eso significa que podremos vender el artículo por $80 más de lo que lo compramos, pero esa no es la cantidad que realmente haremos si usamos eBay para facilitar la venta.

Si vendemos nuestro récord por $90 con envío de $5, se espera que paguemos el 10% en las tarifas de valor final después del pago. Eso significa $9.5 en tarifa de valor final ($9 por el artículo, $0.50 por el envío), dejándonos con un total de $84.50.

También tenemos que enviar el artículo, lo que nos costará aproximadamente $4 por gastos de envío y probablemente $0.50 por materiales (suponiendo que hayamos comprado a granel). Hemos bajado a $80 que recibiremos después de que todo esté pagado.

Si teníamos más de 50 publicaciones creadas este mes, nos veremos obligados a pagar $0.30 centavos para enumerar el artículo también. Esto significa que nos quedan $79.70.

Luego, tenemos que pagar la tarifa de PayPal del 3.5%, pero recuerde que esta tarifa se basa en la cantidad total de dinero recaudado. Eso significa 3.5% de $95, que es $3.33.

Si restamos $3.15 de $79.70, nos quedamos con $76.37.

Por supuesto, también pagamos $10 por el artículo, lo que resta de $76.37 significa que obtuvimos una ganancia de $66.27. Eso representa más del 600% de retorno de la inversión de los $10 que pagamos por este hallazgo raro en un mercado de pulgas.

Si se tratara de un artículo de $50 por el que pagamos $25, nuestras ganancias serían mucho menores a pesar de que a primera vista parece que podemos venderlo por el doble del precio de compra. Es por eso por lo que es ideal comprar siempre productos que cree que se venderán por al menos tres veces la cantidad a la que lo compró. Esto asegura que haya carne en los huesos que justifique el tiempo y la energía involucrados en la lista del artículo y la toma de fotografías.

Calculadora de Tarifas

Explico las tarifas en detalle porque creo que es importante llevar a casa que las ganancias no son tan simples como el valor del artículo menos el costo que paga por él. Dicho esto, la forma más fácil de calcular las tarifas para ayudar a determinar si vale la pena comprar un artículo es usar la Calculadora de tarifas de eBay.

Encuentra esto en: http://www.fees.eBay.com/feeweb/feecalculator

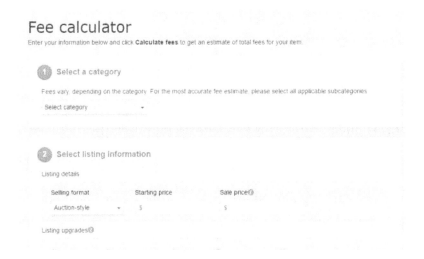

Fee calculator

Enter your information below and click **Calculate fees** to get an estimate of total fees for your item.

1 Select a category

Fees vary, depending on the category. For the most accurate fee estimate, please select all applicable subcategories

Select category

2 Select listing information

Listing details

Selling format	Starting price	Sale price
Auction-style	$	$

Listing upgrades

Esta página le permite escribir los detalles de cómo piensa incluir un producto. Discutiremos todos estos aspectos en el capítulo sobre la lista de sus productos, pero basta con decir que estas opciones tendrán efectos en la tarifa, como describimos anteriormente. Usando nuestro ejemplo anterior de un disco de vinilo por $95 enviados, veremos los siguientes resultados después de ingresar nuestros detalles y hacer clic en "Calcular tarifas"

Tenga en cuenta que la calculadora de tarifas no siempre considera que es posible que todavía no tenga listas gratuitas disponibles. Además, tenga en cuenta que no incluye nada sobre la tarifa de

PayPal. Deberá calcular esa tarifa de 3.5% incluso después de usar esta herramienta.

Tarifas reducidas para los vendedores mejor calificados

Érase una vez, eBay tenía lo que se llamaba Power Seller, y esto solía presentarse con orgullo en las publicaciones cerca del nombre de usuario del vendedor y ofrecer varias ventajas. Han eliminado esta distinción y han creado los vendedores mejor calificados, pero funciona de manera muy similar.

Beneficios

Hay un par de beneficios de tener el estado Vendedor Mejor Calificado:

1. El emblema del vendedor mejor calificado por su nombre de usuario. Esto muestra a los compradores que usted es un vendedor de buena reputación. Si bien puede no aumentar significativamente las ventas, puede influir en algunos compradores reacios que solo trabajan con vendedores excelentes.

2. 10% de descuento en las tarifas de valor final. Entonces, si normalmente paga $9.50 en tarifas de valor final, solo tendrá que pagar $8.55 si es un vendedor mejor calificado. Esto suena pequeño, pero puede acumularse

muy rápidamente y hacer una gran diferencia si está vendiendo en grandes volúmenes.

Requerimientos

Para convertirse en un vendedor mejor calificado, debe cumplir un estricto conjunto de requisitos tanto con su cuenta de vendedor como en la forma en que enumera sus productos.

Para su estado de vendedor, debe cumplir con estos pocos criterios.

1. Debe tener más de 100 transacciones dentro de un período de 12 meses. Esto significa 100 ventas. En un apuro, puede intentar vender artículos muy baratos que le brinden solo una pequeña ganancia para ayudar a mantener esta cifra mientras espera que finalmente se vendan artículos de mayor dólar.

2. Debe realizar al menos $1,000 en ventas en el mismo período de 12 meses. Esto debería ser bastante fácil si está vendiendo artículos a $10 o más, lo que sigue siendo un precio muy bajo.

3. Debe cargar la información de seguimiento al comprar el envío de sus artículos vendidos. Esto debe ser cierto para al menos el 95% de sus publicaciones vendidas durante los últimos 3 meses.

4. Debe ofrecer el procesamiento y envío de un día en sus publicaciones.

5. Debe ofrecer devoluciones de hasta 30 días en sus publicaciones.

Si cumple con los primeros tres requisitos, calificará como un vendedor mejor calificado. El cumplimiento de los requisitos de envío y devoluciones permitirá tarifas reducidas. No se desvíe de cumplir con todos estos criterios. No solo es bueno para la tarifa con descuento, sino que, sinceramente, esto es bueno para crear un negocio sólido con una gran reputación de todos modos.

Tener en cuenta las tarifas antes de comprar productos para vender hará una gran diferencia en sus habilidades para obtener ganancias. Es fundamental que nunca se olvide de estas tarifas. Debido a que eBay cobra sus tarifas a fin de mes, es importante asegurarse de no gastar todo su dinero antes de pagar sus tarifas mensuales.

¿Valen la pena?

Las tarifas en eBay pueden ser elevadas para algunos vendedores. Si realmente valen la pena o no, depende de su modelo de negocio y la capacidad de comprar barato y vender caro. Para aquellos que están en la cerca, consideremos algunos puntos rápidos:

- Una operación de ladrillo y mortero tiene costos generales mucho más altos que pagar las tarifas de eBay. Además, el tráfico peatonal no puede superar el tráfico en línea que recibe eBay, especialmente para artículos fáciles de vender.

- eBay tiene clientes ahora. Si bien es posible que pueda crear una tienda de negocio online independiente y tener un gran éxito, la promoción no es el punto fuerte de todos. Es posible que prefiera el método de eBay, ya que viene con clientes integrados, especialmente si vende artículos populares.

- Costos de envío reducidos. Es cierto que otras soluciones de negocio online también pueden ofrecer envíos con descuento, pero los costos de envío reducidos de eBay ayudan a compensar un poco las tarifas.

- No se requieren habilidades especiales. A diferencia de comenzar su propio sitio web o abrir una tienda física, eBay es tan fácil de usar que incluso aquellos que no tenemos absolutamente ningún conocimiento de las computadoras podemos acostumbrarnos después de un par de meses de uso. El sistema de Shopify podría ser el único sistema de negocio online completo que puede competir, pero no tiene una base de clientes integrada. Amazon es apropiado, pero no funciona bien para todo tipo de productos y obtiene la mayor ganancia de ellos.

- A veces los artículos se venden por más en eBay. Suena tonto, pero la verdad es que algunos artículos se venden más en eBay que en Amazon. Lo contrario también es cierto. Esto también se puede decir acerca de los productos en tiendas físicas que no pueden llegar al público adecuado; a veces se venden por más en línea.

(Consulte la información sobre arbitraje minorista en el próximo capítulo).

- Las subastas de artículos raros se venderán mejor en eBay que la mayoría de las otras plataformas. Y honestamente, el porcentaje que tomaría una casa de subastas podría ser mucho más alto de todos modos. Lo mismo puede decirse de las tiendas de consignación que generalmente obtienen del 30 al 60% de las ganancias por vender su artículo.

- También puedes vender en otras plataformas. No hay necesidad de quedarse solo con eBay. Entonces, si bien las tarifas pueden ser altas, si está vendiendo artículos a granel y necesita o desea mover más productos, entonces tener eBay en su arsenal es una forma inteligente de asegurarse de no tener asentado un inventario grande que no se vende lo suficientemente rápido con una sola plataforma.

- Hay tarifas reducidas para las personas que hacen un gran trabajo vendiendo y manejando el servicio al cliente, gracias al programa Mejor vendedor.

En última instancia, si cree que puede abrir su propia tienda en línea, dirigir el tráfico hacia ella y obtener mejores ganancias de las que puede pagar las tarifas de eBay, debe seguir esa vía. No hay absolutamente ninguna razón por la que DEBE usar eBay para tener éxito con el negocio online, y definitivamente no hay razón por la que deba usar solo una plataforma. Sin embargo, eBay es una herramienta muy útil, y no debe tomarse a la ligera, pero tiene opciones.

Recomendación de envío

El envío puede ser una de las partes más fáciles de vender en eBay, o puede ser una pérdida de tiempo considerable. Todo depende de cómo lo abordes.

Lo bueno es que eBay ha desarrollado muchas herramientas para facilitar el envío. Los vendedores pueden enviar artículos desde la lista de eBay o desde la página de pago de PayPal.

Ambos métodos facilitan el envío.

Antes de cubrir los métodos de envío, quiero tomarme unos minutos para explicar las políticas de envío de eBay.

Como vendedor, usted es responsable de que los artículos que venda lleguen de manera segura y puntual. eBay y PayPal requieren estándares de envío específicos para las cosas. Los basan en el valor del artículo que vende.

Los vendedores ya no pueden cobrar a los compradores por el seguro de los envíos. Debe transferir el costo del seguro al precio de envío o al precio de venta.

Si bien el seguimiento no es necesario, lo protege a usted y al comprador de los problemas de envío típicos.

Debe describir todos los daños a los elementos en las descripciones de sus publicaciones. Esto eliminará muchos malentendidos comunes que los compradores tienen cuando reciben su artículo.

Antes de publicar algo en eBay, tómese unos minutos para pensar cómo va a enviarlo. Pregúntese si se enviará en un sobre, un anuncio publicitario acolchado, una caja o una caja más grande. ¿Es frágil? Si es así, necesitará envoltura de burbujas, maní de embalaje o material de relleno. Si se trata de una foto o revista, necesita un anuncio publicitario plano o algún otro tipo de envoltorio de cartón resistente. Los artículos más grandes pueden requerir un embalaje especial y ser recogidos por un transportista común.

Antes de enumerar un artículo, debe determinar cómo lo va a enviar. ¿Qué materiales de envío necesitas? ¿Qué transportista vas a usar? ¿Los transportistas comunes cuestan más que FedEx o UPS?

Recomiendo comprar una báscula de envío para pesar sus artículos antes de enumerarlos. Agregue ½ libra o libra extra para materiales de embalaje, cinta adhesiva y etiquetas. Esto le dará la información que necesita para completar sus publicaciones.

eBay ofrece dos métodos de envío: tarifa plana y calculada.

El envío de tarifa plana es donde establece un precio para enviar un artículo y es el mismo para todos los que compran su artículo. Los artículos más pequeños y de bajo valor, como postales o tarjetas de béisbol, pueden enviarse en un sobre plano. Si vende objetos de colección raros que necesitan acolchado y cajas resistentes, el envío de tarifa plana puede ser una buena opción. Le permite incluir el costo de los materiales de embalaje y el seguro.

El envío calculado funciona con la calculadora de envío de eBay. Determina el envío según el código postal y el peso de los artículos que está enviando. Esto es bueno para vendedores de ropa, zapatos, etc., o cualquier otro artículo voluminoso y voluminoso. Los compradores que viven más cerca de usted obtendrán una mejor tarifa de envío que alguien que viva más lejos. Esto le dará una ventaja competitiva con los clientes que viven más cerca de usted.

Descuento combinado de envío

Otra opción que debe considerar es si desea ofrecer un descuento de envío combinado. Le permite ofrecer envíos con descuento a los clientes cuando compran dos o más artículos. Digamos que estás vendiendo libros. Si cobra $4.00 por enviar el primer libro, puede combinar envíos y enviar compras adicionales de forma gratuita. O puede descontar el envío de más artículos por $1.00 o $2.00. Esto anima a los clientes a comprar más cosas, para que puedan ahorrar en el envío.

La forma más fácil de agregar un descuento de envío combinado es cuando enumera sus artículos en eBay. Primero, indique su precio de envío regular. Después de hacer esto, la casilla al lado es para envío de compras adicionales. Si escribe cero, no hay ningún cargo por enviar artículos adicionales. Si escribe $1.00, $2.00 u otro número, esto es lo que se le cobrará a su cliente por enviar artículos adicionales.

Cuando ofrece un descuento de envío combinado, eBay factura a su comprador el importe de envío correcto (menos todos los descuentos). No necesita hacer ningún ajuste antes de que sus clientes puedan realizar un pago. La otra opción es enviar facturas corregidas a sus clientes manualmente. Solo sepa que esto causará confusión y lo dejará con algunos clientes enojados. Algunos de ellos pagarán los gastos de envío completos y esperan que reembolse la diferencia. Otros retrasarán los pagos esperando que usted corrija la factura. Para evitar estos problemas, establezca sus descuentos de envío cuando enumere sus artículos.

Seguimiento y seguimiento de firma

Las mejores prácticas son incluir el seguimiento de cada artículo que envíe.

Le ahorra tener que responder a las preguntas de los compradores sobre cuándo recibirán su artículo. Y mantiene honesto a todos los involucrados en la transacción. A veces los clientes dicen que no recibieron el artículo que envió. A veces, otro miembro de la familia recoge el artículo y se olvida de decirle a su cliente al respecto.

El seguimiento muestra dos cosas:

- Que envió su artículo por correo, y

- Que el remitente lo entregó a la casa del cliente. La forma en que esto funciona es que la oficina de correos escanea el artículo cuando lo deja. Muchas veces, escanean el paquete en el camino, para que pueda ver los diferentes puntos por los que viaja. El cartero realiza un escaneo final cuando deja su paquete en la casa del cliente. La confirmación de entrega confirma que su paquete llegó a la dirección de su cliente.

Muchas veces, cuando un cliente dice que no recibió un artículo, el seguimiento le dará pistas sobre dónde está el artículo. Muchas veces, verá que el cartero intentó entregar su paquete pero no había nadie en casa para recibirlo. En cambio, el cartero dejó una etiqueta que le decía al cliente que tenían que recoger el paquete en la oficina de correos. Cuando esto sucede, dígale al cliente que se comunique con su oficina de correos local para organizar la recogida.

Otras veces, la oficina de correos dice que la dirección a la que envió su paquete es una dirección no válida o incorrecta. El seguimiento mostrará que se le está devolviendo. De nuevo, puede explicarle a su cliente lo que está sucediendo.

Si su cliente no recibe su paquete, eBay le pedirá que cargue el número de seguimiento. Si lo hace, y la información de seguimiento se muestra entregada, usted gana. Ellos cancelan el caso en su contra. Si no puede proporcionar información de seguimiento o comprobante de entrega, el cliente gana. Debe reembolsar el precio de venta más el envío.

A veces tienes seguimiento y el artículo aún se pierde. La oficina de correos lo escanea cuando lo entrega para su entrega y desaparece después de eso. Puede pedirle a su oficina de correos local que revise la oficina de mensajes no entregados, pero la mayoría de las veces su paquete ya no está. Deberá reembolsar a su comprador o enviar un reemplazo.

Cuando envía un artículo valorado en más de $200.00, eBay y PayPal requieren la entrega de la firma. La entrega firmada requiere que el cliente firme el paquete. Si utiliza el seguimiento regular, eBay puede obligarlo a reembolsar a su cliente, incluso si se muestra entregado.

Asegúrese de enviar todo utilizando los servicios adecuados.

El envío es un factor importante para vender sus artículos en eBay porque sus comentarios se basan en la experiencia general del cliente. Todos están atados juntos. El hecho de que haya vendido su artículo no significa que la venta haya finalizado. En este capítulo, le daré algunas ideas sobre cómo asegurarse de que sus artículos se envíen correctamente para que tenga un beneficio máximo y un cliente satisfecho.

Tarifas de envío justas

Cuando enumere su artículo, el sitio le preguntará cuánto va a cobrar por el envío. Si no lo sabe, eche un vistazo a las tarifas de envío actuales para los diferentes métodos de entrega. El Servicio Postal de los Estados Unidos ofrece cajas de tarifa plana de forma gratuita. Solo paga el precio que es necesario al enviar el artículo. Si realiza el envío de esta manera, calcule qué tamaño de caja contendrá el artículo sin dañarlo y use ese precio para sus costos de envío.

Si realiza envíos a una dirección en el extranjero, asegúrese de que sus precios sean justos y que también estén dentro del estándar.

Cometí el error de no poner suficiente precio al envío y sufrí una gran pérdida porque el postor ganador vivía en el extranjero. Tome el hecho de que las personas en otros países son muy activas en eBay y compran su artículo, debe enviárselo.

Embalaje adecuado

Nadie quiere que su artículo llegue dañado por correo. Esto se puede evitar asegurándose de empacar y enviar el artículo correctamente. Tómese un tiempo para usar plástico de burbujas y empacar maní para asegurarse de que el artículo llegue en las mismas condiciones en que lo envió.

Piénselo de esta manera: la gente de correo no sabe lo que hay en esa casilla. Puede ser arrojado, aplastado, y pueden ocurrir cualquier cantidad de percances durante el tiempo que deja sus manos y llega a su destino. Planifica esto cuando lo empaques. Si es frágil o puede dañarse durante el envío, haga un esfuerzo adicional y coloque un relleno adicional a su alrededor.

Poner suficiente franqueo

Si realiza el envío sin una caja de tarifa plana, es importante que haya suficiente franqueo en el paquete. Por ejemplo, si lo que está enviando está en un sobre, haga que el empleado de la oficina de correos aplique el franqueo o asegúrese de que haya suficiente en el paquete para asegurarse de que se entregue correctamente. Lo último que desea es devolverlo por gastos de envío incorrectos y tener que explicarle a su comprador que será más largo de lo esperado.

Pague por un número de seguimiento

A los clientes les gusta saber dónde están sus artículos en el proceso de envío. Al proporcionar un número de seguimiento cuando marque que el artículo se ha enviado, les informará dónde está todo el tiempo que esté en el medio. Si algo sale mal, entonces el cliente y usted pueden averiguar dónde sucedió y dónde está el paquete.

Asegure el artículo

Si el artículo es frágil y tiene valor, es una buena idea comprar un seguro para el artículo en caso de que se pierda o se dañe durante el envío. Cuando se utiliza una casilla de tarifa plana, el seguro se incluye hasta un cierto valor. Si el precio de venta del artículo está por encima de eso, haga un pequeño esfuerzo adicional y compre un seguro adicional. Si el artículo termina perdido o robado, al menos a usted y a su comprador se les reembolsará el valor del artículo.

Cuida a tu comprador. Cuando envíe sus artículos, trátelos como si fueran de extrema importancia. No sabe qué sucederá entre el envío y el comprador que lo reciba. Es mejor planificar lo peor que lo previsto y hacer que algo suceda. El comprador finalmente hace sus calificaciones, así que tenga en cuenta los diferentes factores que pueden tener lugar durante toda la transacción. El comprador estará agradecido y usted también.

CAPÍTULO 7: CÓMO CREAR UNA PÁGINA DE PRODUCTO PERFECTA

INVESTIGACIÓN DE PALABRAS CLAVE

Su título contiene los términos de búsqueda que ayudan a los compradores a descubrir lo que está vendiendo.

Muchos vendedores pierden el tiempo tratando de crear un título que suene excelente y que se lea como una oración perfecta. Eso es un gran error. Su título tiene un solo propósito: ayudar a las personas a encontrar su artículo en la búsqueda de eBay.

Use palabras clave relevantes que ayuden a los compradores a encontrar sus cosas. eBay solo le ofrece ochenta y ocho caracteres para trabajar, por lo que debe hacer que cada uno cuente.

Estos son algunos de los términos que desea incluir en su título –

- Marca

- Número de modelo

- Color

- Talla

- Estado - nuevo, usado o restaurado

- Breve descripción

- Hombres, mujeres, niños

La clave es incluir tantas palabras clave como sea posible en su título. Nunca abrevie, a menos que sea una abreviatura común que todos entiendan. Las siguientes abreviaturas son exclusivas de eBay. NWT (nuevo con etiquetas). NWB (nuevo en caja). BIN (Cómpralo ahora). MNT (menta). MIP (menta en paquete). Y, OEM (fabricante de equipos originales). Para ver una lista completa, visite el siguiente enlace.

http://pages.eBay.com/help/account/acronyms.html

Asegúrate de deletrear todo correctamente. Especialmente el nombre del producto, el fabricante y el número de modelo. La gente no puede encontrar tus cosas si escribes mal tus palabras clave.

La condición puede ser complicada. Si su artículo es nuevo o usado, dígalo. Si se restaura, el método de restauración puede ser importante. Supongamos que está vendiendo un iPad restaurado. Puede decir restaurado, restaurado de fábrica o restaurado de Apple. Restaurado de fábrica o restaurado de Apple será más importante para la mayoría de los compradores.

A veces las personas necesitan un poco más de información para decidir qué quieren. Si está vendiendo un Nook o un Kindle, también puede usar las palabras clave e-reader y tablet para cubrir todas sus bases. Puede pensarlo como un Kindle, pero muchas personas están buscando un lector electrónico básico o una tableta. No podrán encontrar su artículo si no incluye estas palabras clave.

Si vende ropa o zapatos, la gente quiere saber información específica. Quieren saber el tamaño, el color, la marca, el número de modelo y si es para hombres, mujeres o niños. Muchos vendedores dejan parte de esta información. Piensan por qué molestarse? Lo tienen cubierto en la descripción, los detalles del artículo o la categoría. Recuerde que los compradores nunca llegarán tan lejos si no pueden encontrar su artículo en primer lugar. Entonces, incluye todo lo que puedas en el título.

Dicho todo esto, ¿cuál es la mejor manera de decidir qué palabras clave incluir en su título?

La investigación avanzada es la clave para una gran lista.

Si no ha utilizado la función de búsqueda avanzada antes, puede encontrarla en la parte superior de la pantalla de eBay. La palabra avanzada está en el extremo derecho de la barra de búsqueda.

Haga clic en él y lo llevará a la función de búsqueda avanzada.

Esto le permitirá realizar varias búsquedas diferentes. Mi consejo es que escriba tres o cuatro de sus términos de búsqueda. Luego, desplácese hacia abajo unas pocas líneas hasta donde dice búsqueda incluida y marque la casilla de publicaciones vendidas. Si desea limitar aún más su búsqueda, puede elegir el tipo de publicación, subasta o precio fijo. También puede seleccionar la condición, nueva o usada.

Las búsquedas que eBay devuelve son solo artículos que se vendieron recientemente. El beneficio para usted es que puede ver lo que funcionó para otros vendedores. Suelta las cosas que más se vendieron y menos. Concéntrese primero en las listas intermedias. ¿Qué palabras clave usaron? ¿Qué palabras clave son comunes en todas las publicaciones que se vendieron? Ahora mira los tres o cuatro publicaciones principales. ¿Usaron palabras clave diferentes? ¿Estaban en una secuencia diferente a la que las otras publicaciones usaron?

Escriba las palabras clave que sobresalen. Además, tome nota de los números de artículos para algunos de las mejores publicaciones que ve. Volveremos a ellos más tarde.

Lo que hicimos aquí es simple. En lugar de adivinar las palabras clave que venden, encontramos una lista de las que hicieron dinero para los compradores. Eso nos da uno de los bloques de construcción que necesitamos para construir una gran lista.

COPIA Y FOTOS

Si bien un gran mosaico y una descripción son extremadamente importantes al vender en eBay, ninguno es suficiente para garantizar una venta. Igual de importantes (y en algunos casos aún más) son las fotos de sus productos. Las imágenes excelentes no solo atraen a los clientes a sus listas, sino que las fotos precisas ayudan a protegerlo, ya que los compradores saben exactamente lo que están comprando.

No tiene que ser un fotógrafo experto o tener el equipo más caro para tomar excelentes fotos de eBay. Los siguientes consejos y trucos lo ayudarán a tomar fotografías de manera rápida y fácil que resultarán en ventas de eBay.

Imágenes del producto: eBay permite a los vendedores agregar hasta 12 fotos por publicación, por lo que debe aprovechar al máximo eso y proporcionar la mayor cantidad posible de fotos de los artículos que está vendiendo. Tome fotos desde todos los ángulos, incluso desde arriba y desde abajo. Desea dar a sus clientes la sensación de que tendrían si estuvieran en una tienda física manejando un artículo. Es probable que no compre algo solo mirándolo brevemente en el estante, por lo que venderá más en eBay si les da a sus clientes fotos de sus artículos desde todos los ángulos.

Si está vendiendo una taza de café, por ejemplo, tome fotografías del frente, la parte posterior, ambos lados, la parte inferior y el interior. Para la ropa, tome fotos completas de la parte delantera y trasera, así como fotos cercanas de dobladillos, puños, bolsillos y la etiqueta. Si su artículo funciona con batería, tome una foto del compartimento abierto de la batería para mostrar que no hay erosión. Cuando enumero libros antiguos, tomo fotos de la portada y la contraportada, el lomo, los primeros dos títulos y dos o tres fotos de las páginas de texto.

Desea que el elemento que está vendiendo esté al frente y al centro en todas las imágenes, así que tómese el tiempo de editar sus fotos para eliminar la mayor cantidad de espacio en blanco posible. La mayoría de las computadoras vienen con un software de edición de fotos incorporado fácil de usar; Uso una PC y tengo Picasa, que viene con mi sistema y funciona con Google.

Tomo fotos tanto con una cámara digital de apuntar y disparar como con mi iPhone. Me aseguro de tomar fotos de cerca de cualquier problema, como desgaste o daños menores. Divulgo cualquier falla en la publicación, y también pido a los compradores que observen detenidamente las fotos proporcionadas para saber exactamente lo que están comprando. Es raro encontrar artículos de segunda mano que no tengan ni un poco de desgaste; pero al revelar todos los problemas y proporcionar fotos, no solo tendrá una mejor oportunidad de vender el artículo, sino que también se protegerá de un cliente que se queja de que recibió algo que no fue como se describe.

A menudo uso mi cámara digital para tomar las fotos principales del producto y luego uso mi iPhone para tomar fotos de cerca de detalles como las marcas del fabricante en cerámica, etiquetas de ropa e inscripciones, así como cualquier problema de condición. Las cámaras de la mayoría de los teléfonos inteligentes actuales toman fotos que son tan buenas y, a veces, incluso mejores que las cámaras reales; y mi iPhone en particular es mucho mejor para capturar detalles de cerca que mi cámara normal.

Después de tomar mis fotos, las subo a mi computadora y las edito en Picasa. eBay prefiere que las fotos no sean más pequeñas que 900x900 de dimensión, por lo que recorto la mayor cantidad de espacio posible alrededor del elemento mientras permanezco en esas especificaciones. Tengo una carpeta dedicada en mi PC donde pongo todas las fotos, que elimino después de que cada lote se haya incluido en eBay.

Cuando estoy creando una nueva lista, simplemente subo las fotos de mi computadora a eBay. Una vez en eBay, puedo reorganizarlos para asegurarme de que ciertas fotos se muestren primero. Los organizo para que se vean tal como la persona miraría el artículo en una tienda real, examinando el exterior primero antes de revisar el interior y cualquier pequeño detalle.

Desea que la foto del elemento principal, la que aparecerá como la miniatura en la búsqueda de eBay, sean las fotos que muestren todo su elemento. Por ejemplo, si está vendiendo una taza de café, desea que el frente de la taza sea la imagen principal, no la inferior. Asegúrese de que todas las fotos estén en posición vertical, no de lado o boca abajo; y no suba fotos borrosas. No puedo decirte cuántas fotos de artículos malos veo en eBay; y las imágenes de baja calidad pueden hacer que sea casi imposible que un artículo se venda. Es mejor volver a tomar fotos que subir fotos pobres.

Iluminación: No necesita una configuración de fotografía elegante para tomar fotos eBay, solo un espacio con mucha luz. Una buena iluminación es esencial para tomar fotos claras y capturar colores y detalles.

Si el espacio de su hogar o trabajo está oscuro, puede iluminar fácilmente las cosas con lámparas. Si a menudo enumera una gran cantidad de artículos en línea, es posible que desee invertir en iluminación profesional, aunque yo nunca lo consideró necesario. Incluso sacar sus artículos al exterior para fotografiarlo puede ayudarlo a obtener una mejor luz que la que puede tener en el interior.

Una caja de luz es una herramienta que les gusta a los vendedores de artículos pequeños como joyas. Las cajas de luz portátiles se pueden comprar por alrededor de $50 en línea, aunque hay todo tipo de tutoriales de YouTube sobre cómo hacer las suyas usando cajas de cartón y luces. Yo mismo tengo una caja de luz, pero rara vez la saco para tomar fotos. Creo que este tipo de herramientas de venta adicionales funcionan mejor si puedes dejarlas permanentemente. Debido a que tengo que sacar el mío y luego guardarlo cada vez que quiero usarlo, no me molesto en hacerlo.

Tomo mis fotos en una habitación con muchas ventanas que proporcionan una gran iluminación natural. También enciendo las luces para agregar más brillo. Quiero asegurarme de capturar el verdadero color y textura de los artículos que vendo. Raramente uso el flash de mi cámara, ya que esto a menudo distorsiona el color real del producto, haciéndolo parecer más claro de lo que realmente es.

Telones de fondo: Veo a muchos vendedores de eBay que toman fotos de artículos en su alfombra sucia o con su cocina desordenada en el fondo. ¡Incluso he visto fotos de productos alimenticios envasados en el suelo!

Tomar fotografías sobre un fondo blanco funcionará para la mayoría de los artículos, ya sea una pared blanca, una sábana o una mesa. Tengo una configuración muy simple de cartulinas blancas para mis fotos. Puse una en una mesa y la otra contra la pared para formar un ligero ángulo. Compro los tableros en la tienda de dólar por $1 cada uno; y también tengo un juego en negro para artículos de colores claros que no se muestran sobre un fondo blanco.

Para artículos más grandes, es fácil tomar fotografías contra una pared blanca. Si no tiene una pared blanca, cubrir una sábana blanca del techo puede proporcionar un buen telón de fondo. Tengo una pared blanca en blanco en mi oficina con un solo clavo del que cuelgo la ropa para tomar fotos. Debes asegurarte de que cualquier fondo que uses esté limpio y sin patrones para que nada se quite del elemento en sí.

Lo que sea que use como telón de fondo, solo asegúrese de que el artículo que está vendiendo sea el único artículo en la imagen. No puedo decirte cuántas fotos veo donde están otras cosas e incluso personas y mascotas en las fotos. Asegúrese de editar sus manos / dedos fuera de las imágenes. De vez en cuando necesito mantener presionada una página del libro para obtener una foto, pero siempre edito mi mano. A menos que seas un modelo de mano, nadie quiere ver tus uñas astilladas y las cutículas agrietadas. ¡Qué asco!

Almacén de fotografías: Si está vendiendo un artículo con un código de barras que está en el catálogo de eBay, a menudo aparecerá una foto de archivo que puede usar como imagen principal en sus publicaciones. Y aunque muchos vendedores usan estas fotos, personalmente no me gustan, prefiero usar mis propias imágenes.

Las fotos de archivo indican que el artículo es nuevo; e incluso si tiene un artículo nuevo para vender, probablemente lo recogió de segunda mano. Por lo tanto, puede haber diferencias en el cuadro que tiene sobre la foto de archivo, incluido un daño leve.

Incluso si el artículo que vendo coincide exactamente con las imágenes de archivo, todavía tomo mis propias fotos, ya que personalmente creo que representa mejor mi producto específico. Mientras los clientes recurren a Amazon para comprar artículos nuevos, a menudo acuden a eBay en busca de productos usados con delicadeza u ofertas extremas. Entonces, aunque es razonable esperar una lista de Amazon con una cantidad disponible de cien productos para usar fotos de archivo, en eBay la mayoría de las personas solo están vendiendo una sola versión. Y al proporcionar fotos del artículo exacto que está vendiendo, asegura a los clientes que lo que ven en la imagen es exactamente lo que están obteniendo.

Si cree que sería útil usar una foto de archivo además de sus propias fotos, puede hacer una búsqueda en Google para ver si puede encontrar una para agregar a su lista. A veces esto es útil si está vendiendo algo que se ve mejor de la caja, como un juguete con muchas piezas. En un caso como este, está bien agregar una foto de archivo a sus publicaciones; sin embargo, desea agregar fotos de archivo al final de su disposición de imágenes. Todavía desea que su propia foto del elemento sea la primera foto en miniatura; las fotos de archivo se deben agregar al final de la disposición de las imágenes simplemente como un ejemplo de cómo se verá el producto de fábrica.

Imágenes

Las imágenes pueden hacer o deshacer de sus publicaciones de eBay.

En eBay, tiene dos tipos de imágenes: imágenes de galera y fotos de publicación.

La imagen de la galería es la más importante. Es lo que ven los compradores cuando navegan por las publicaciones. Desea que sea claro y centrado. Obtenga una buena imagen general del producto que está vendiendo. No incluya un primer plano de la etiqueta del producto en la lista de su galería. eBay no permite escribir sobre fotos. A veces confunden una etiqueta de artículo para escribir sobre la imagen.

Las imágenes deben tener al menos 500 píxeles en el lado más largo. eBay sugiere 1600 píxeles para la mejor calidad. De esta manera, cuando las personas usan la función de zoom, pueden ver todos los detalles. El mejor consejo, si usa una cámara digital para tomar sus fotos, use la configuración de resolución media o alta. Esto asegurará que sus fotos siempre tengan el tamaño correcto. Si escanea imágenes o usa una imagen más pequeña, puede cambiar su tamaño con Paint u otro programa de gráficos.

Cuando haga una sesión de fotos, piense en lo que sus compradores necesitarán ver para tomar una decisión informada. Esto significa tomar fotografías desde tantos ángulos diferentes como sea posible. Si tiene accesorios como un estuche, cable, auriculares o embalaje, obtenga una foto por separado de ellos.

Si el artículo que está vendiendo tiene daños, no lo describa simplemente. Muestra una o dos imágenes del área dañada.

Deje que los compradores decidan por sí mismos si el daño es un factor decisivo o no.

Si vende ropa o cualquier cosa con un patrón elegante, asegúrese de mostrar fotos en primer plano del trabajo de diseño.

Si está vendiendo monedas, joyas u otros artículos pequeños, considere usar una caja de luz. Le ayudará a tomar fotos de primer plano para que sus clientes puedan ver mejor lo que está vendiendo. Puede encontrar cajas de luz en eBay o Amazon desde $29.99. La mayoría de las cajas de luz vienen con varios fondos de diferentes colores y un trípode para mantener su cámara estable.

Otra conclusión clave sobre las fotos: asegúrese de subirlas al servicio de fotografía de eBay. La ventaja de hacer esto es que se optimizan para la visualización móvil. Si utiliza un servicio como Auctiva,

Vendio o Inkfrog; incrustan sus fotos en la lista de eBay. Muchas de estas fotografías aparecen muy pequeñas cuando se ven en un dispositivo móvil. Otras veces no aparecen en absoluto.

El año pasado, el 50 por ciento de las ventas en línea ocurrieron en dispositivos móviles. Este año ese número debería estar más cerca del 60 por ciento. Si no utiliza el servicio de imágenes de eBay, podría asustar a casi la mitad de sus compradores potenciales.

Descripción

Su descripción es la carne y las papas de sus publicaciones. Una excelente descripción alienta a los compradores a hacer clic en el botón comprar. Una descripción regular los alienta a pasar a la siguiente lista.

Entonces, ¿cómo se escribe una excelente descripción?

Necesitas pensar en tu comprador. ¿Por qué querrían tu artículo? ¿Qué van a hacer con eso?

¿Qué tipo de problemas les va a resolver?

Claro, solo puede ser un iPad. Pero para su comprador potencial, es una solución a sus necesidades de computación móvil. Puede usarlo sobre la marcha. Obtenga la información requerida durante las reuniones de ventas. Juega o revisa el correo electrónico mientras viaja en el metro.

Para escribir una excelente descripción, debe mantener esta información en la parte posterior de su cabeza.

También debes concentrarte en el artículo.

Si está vendiendo una chaqueta de bombardero de la Segunda Guerra Mundial, debe hablar sobre el estado del abrigo. ¿En qué condición está el cuero? ¿Se está pelando o astillando? ¿Qué tal la obra de arte? ¿Está libre de imperfecciones? ¿Cuenta con poster de una chica, un bombardero o una insignia de grupo?

Asegúrese de describir el artículo por completo. Asegúrate de contar lo bueno, lo malo y lo feo. Si hay una rasgadura significativa en el revestimiento, informe a los compradores (muéstreles una foto también).

A los compradores no les gustan las sorpresas. Esperan que los artículos viejos tengan algunos problemas. Esto no suele ser un problema a menos que no se lo cuentes.

Los vendedores piensan que decirle a la gente que su artículo tiene algunos defectos matará la venta. Los compradores temen que los vendedores no sean completamente sinceros con ellos. La forma más fácil de hacer que su descripción sea más creíble es decirle a la gente que su artículo tiene algunos problemas.

Todo depende de cómo lo abordes.

No quieres salir y decir que tu artículo es una mierda. Primero debes describir qué es lo bueno de esto. Construye tu artículo. Haz que brille, y luego di, oh, por cierto ...

Aquí hay un par de formas en que puedes hacer eso.

iPad 2. He tenido este bebé durante dos años. Ha hecho un excelente trabajo para mí. Viene con la caja original, el cargador y los auriculares. Tiene 32 Gigas de memoria, por lo que hay mucho espacio para almacenar toda su música y videos. Colocaré el estuche Otterbox para ayudarlo a mantenerlo a salvo. Tiene un pequeño rasguño en la parte inferior derecha de la pantalla. Creo que se puede pulir, pero nunca tuve la oportunidad de intentarlo. Mira la foto número tres y puedes ver lo que piensas. ¿Alguna pregunta? Solo envíame un correo electrónico. Estaré encantado de darte una respuesta.

Es corta. Habla sobre las cosas buenas primero. Luego, menciona el rasguño y hace referencia a una imagen en la que puede verlo. Luego, el vendedor invita preguntas.

Aquí hay otra descripción que minimiza el daño.

Tengo este viejo libro de la Guerra Hispanoamericana. Es bastante frágil La fecha es 1898. Como puede ver en las imágenes, las páginas se separan en la columna vertebral. El cuero se frota, y vas a tener algunos copos marrones en tus cosas cuando lo estés mirando. El texto y las imágenes son fantásticos. Es un libro de gran tamaño, 11 x 16, por lo que obtienes algunas tomas de primer plano con las imágenes. Mis favoritos son los dibujos en color de los marines y la caballería en los campos de batalla. También he incluido algunas fotos en color de los acorazados. Uno incluso les muestra disparando un torpedo. Casi odio separarme de este, pero la esposa dice que necesitamos unos cuantos dólares más para ese crucero por el Caribe que vamos a tomar este verano. Ya sabes el viejo dicho, "la pérdida de un hombre, es la ganancia de otro hombre."

No dejes que este te pase de largo.

Es una excelente descripción. Es casual. Habla sobre el libro y sus defectos. Más importante aún, es entusiasta.

"Lo que me gusta son estas fotos". "Uno de ellos muestra ..." Y, termina con un llamado a la acción, "No dejes que este te pase de largo".

Compare eso con las descripciones monótonas que usan la mayoría de los vendedores. Entonces, puedes entender por qué este libro se vendió a un precio superior.

Dicho esto, ¿cómo se escribe la mejor descripción posible?

Mi pensamiento es que debería ser corto. Uno o dos párrafos es lo mejor. Si tiene mucha información o detalles de elementos que necesita incluir, use una serie de viñetas.

Esta es la era de internet.

La mayoría de la gente no lee. Escanean tu publicación para encontrar lo que están buscando rápidamente. Puede ayudarlos a encontrarlo no escribiendo descripciones largas y detalladas. En su lugar, use una serie de encabezados, seguidos de viñetas para cada sección. Esta es la forma en que la gente lee las páginas web y las publicaciones de blog, y es la forma en que la mayoría de la gente lee las descripciones de las publicaciones de eBay.

Omita cualquier renuncia sobre el envío, la información de pago o los términos de la subasta. Estas cosas solo comen espacio. En su lugar, ingrese toda su información de pago y envío en los detalles del artículo. Incluya su política de devolución en la sección correspondiente. Solo incluya la información que un comprador debe decidir. Cualquier cosa más podría confundirlos.

CAPÍTULO 8: ESTRATEGIA DE LANZAMIENTO DE PRODUCTO Y ESTRATEGIA DE REVISIONES

Es contrario a las políticas de eBay que los compradores y vendedores se comuniquen fuera del sitio de eBay con respecto a una transacción. Toda comunicación debe hacerse a través del sistema de mensajería eBay. Esto no solo proporciona una manera fácil de realizar un seguimiento de todos los mensajes de eBay y de los clientes, sino que lo protege como vendedor, ya que habrá un registro en línea de todas las comunicaciones. Por lo tanto, si alguna vez es acosado o amenazado por un cliente, puede denunciarlo fácilmente a eBay y ellos lo manejarán.

En la parte superior de su página Mi eBay hay una pestaña para Mensajes. Es aquí donde encontrará todos los mensajes que se le envían y donde puede enviarlos usted mismo.

Puede modificar su configuración de mensajería en la pestaña Cuenta en la parte superior de su página Mi eBay. Tengo el mío configurado para que reciba un mensaje de correo electrónico en mi bandeja de entrada de correo electrónico (en mi computadora) cada vez que reciba un mensaje. Entonces sé iniciar sesión en eBay para responder.

Es importante mantener una comunicación amigable y profesional con sus compradores, y no enviarles mensajes innecesariamente.

Cuando un cliente compra un artículo, eBay automáticamente le envía un aviso de que se ha comprometido a comprar el producto y que debe pagar. No es necesario que les envíe un mensaje exigiendo el pago. He visto tantos vendedores nuevos de eBay tener problemas para hacer esto.

De vez en cuando, alguien ofertará por un artículo en una subasta y no pagará; o si no tiene un pago inmediato requerido en sus publicaciones, alguien puede hacer clic en él pero no pagar. Esta es la naturaleza de eBay, así que espere que los postores que no pagan paguen de vez en cuando.

Si tengo un artículo en subasta y termina con un postor ganador, inicio sesión en eBay, voy a Mi eBay y les envío una factura. Si no han pagado en tres días, les envío una nota amistosa recordándoles que su pago se debe. Si para el día cuatro todavía no han pagado, abro un reclamo a través de eBay y les dejo manejarlo.

Como nuevo vendedor, es posible que también tenga que tratar con personas que rezan por su inexperiencia enviándole mensajes tratando de que les venda un artículo por menos de lo que ha enumerado. Si está abierto a aceptar ofertas, debe configurar la opción Mejor oferta en sus publicaciones; Los compradores NO deben contactarlo para solicitar un descuento o para pedirle que les venda cosas fuera de eBay. Para mantenerse seguro, mantenga todas sus transacciones EN eBay e informe a cualquier persona que esté tratando de hacer que se ocupe de ellas fuera de línea.

Si alguien le envía un mensaje con malas palabras, repórtelo a eBay. Lo mismo ocurre con cualquier mensaje que amenace con dejarle comentarios negativos si no hace lo que dice. No responda a amenazas de ningún tipo; solo informe al comprador a eBay.

Si un comprador no le ha causado ningún problema, deseará dejarle comentarios positivos tan pronto como haya pagado su artículo y lo haya enviado. Algunos vendedores le dirán que retenga los comentarios hasta que un cliente se los deje, pero no estoy de acuerdo con esto. Si un cliente ha pagado por su artículo y no ha tenido ningún problema con él, ha cumplido con su parte de la transacción y merece comentarios positivos.

Como nuevo vendedor, obtener comentarios es importante para construir su reputación como vendedor para que los clientes puedan estar seguros de comprar. Si siguió mi consejo al COMPRAR algunas cosas en eBay antes de comenzar a vender, es de esperar que haya recibido comentarios de esas transacciones. Si bien puede ser tentador pedir o incluso pedir retroalimentación (nada me da más vergüenza que las personas que PIDEN retroalimentación), si usted es exacto en las descripciones de sus publicaciones y envía los pedidos con prontitud y de manera profesional, la retroalimentación llegará.

CAPÍTULO 9: PUBLICIDAD EBAY: CÓMO CREAR UNA CAMPAÑA EFECTIVA

Si bien eBay es el mercado más grande y viene con una base de clientes integrada, eso también atrae a mucha competencia. Tener algunos trucos promocionales bajo la manga ayudará a las personas a descubrir su tienda que, de lo contrario, no podría encontrarse orgánicamente en eBay. Hemos hablado algunas cosas con respecto a la promoción, pero hay algunas consideraciones que no hemos abordado por completo. El conocimiento que ha aprendido hasta ahora junto con esta lista debería facilitarle la elaboración de un plan de marketing que funcione por la cantidad de tiempo y dinero que puede ahorrar.

Aprovecha cada oportunidad

A menos que sea extremadamente hortera, si existe la oportunidad de mencionar su tienda eBay, tómese el tiempo para mencionarla. Decirle a la gente es la forma más barata y fácil de promocionarse. Un gran ejemplo de esto es agregar una firma a sus correos electrónicos que se vincule a su cuenta de eBay.

Incluir publicidad en el embalaje

Cuando envíe un artículo, asegúrese de incluir algún tipo de material promocional, ya sea solo una tarjeta de agradecimiento con su logotipo o un folleto completo con varios de sus artículos vendidos comúnmente, incluido algún tipo de anuncio en su Los paquetes son una forma muy económica y sencilla de recordarle al comprador sobre el vendedor que acaba de ofrecerle un buen precio, que lo envió rápidamente y que empaquetó sus productos de manera segura.

Publicaciones de promoción cruzada

Al final de sus publicaciones, puede vincular a publicaciones similares o recordar a los compradores que se tomen un momento para ver sus otros artículos a la venta o visitar su tienda. Esta es una excelente manera de atraer a la gente a comprar solo de usted. Si ofrece videojuegos, existe una posibilidad bastante buena de que la persona que mira uno de sus juegos no lo compre, pero que compre algo suyo después de darse cuenta de que tiene un precio justo y una gran reputación en eBay.

Compartir anuncios en otros lugares

Esto se aplica en gran medida a los artículos que tienen un precio extremadamente bueno o son más difíciles de conseguir. Los elementos raros son excelentes para compartir en otros lugares porque a las personas no les importa si es spam. Si este borrador increíblemente difícil de encontrar Bugs Bunny está FINALMENTE a la venta después de no estar en el mercado durante años, algunos coleccionistas están felices de escuchar a través de sus foros habituales y grupos de Facebook que vas a subastar uno.

Si tiene un blog o un sitio web, cualquier página que sea relevante para vincular a una de sus publicaciones probablemente debería vincular a una de sus publicaciones. Si crea un blog de alta calidad con excelente contenido, el tráfico generado desde el blog también puede impulsar su negocio.

Usar múltiples categorías

Algunas publicaciones le permitirán elegir dos categorías. Si bien a veces puede haber tarifas involucradas, tener su producto en varias categorías hace que sea significativamente más probable que los compradores potenciales lleguen a su página de publicaciones y realicen una compra.

Listas de correo electrónico

Dentro de los paquetes de anuncios, sitio web o blog, redes sociales y correos electrónicos, puede solicitar a sus clientes que se unan a su lista de correo. Una lista de correo es una herramienta poderosa para mantenerse conectado con clientes que están interesados en los tipos de productos que vende o el nicho al que pertenecen estos productos. Al tener una lista de correo que ofrece su propio valor, puede alentar más fácilmente a las personas a comprar productos en su tienda eBay también. Esto funciona mejor para vendedores dentro de un nicho específico en lugar de aquellos que venden todos los productos que pueden encontrar.

Palabras de moda para los títulos

Esto se aplica tanto a los títulos de la lista como al nombre de su tienda eBay si abre uno. eBay sugiere específicamente usar estas palabras porque la gente las usa a menudo cuando busca. La lista incluye:

- Nuevo
- Inusual
- Único en su clase
- Venta de inmuebles
- Especialidad
- Diseñador
- Único
- Raro
- Poderoso

- Clásico

- Articulo de coleccionista

- Heredado

Asegúrese de que la palabra realmente se aplique a sus publicaciones. Si bien tener estas palabras de moda puede ayudar un poco con las ventas, ser deshonesto nunca es el método correcto.

Adjunte un nombre de dominio a su tienda eBay

Para aquellos que han elegido el camino de abrir una tienda de eBay real y no solo vender solo a través de publicaciones, entonces es aconsejable gastar los $15 más o menos por año para un nombre de dominio. Si ejecuta High Top Harry's Rare Rocks and Crystals, puede comprar una dirección como "hightopcrystals.com" y simplemente hacer que se redirija a su tienda eBay. Esto ayuda a simplificar el proceso de promoción y también te hace ver más profesional.

Hay bastantes lugares donde puede comprar un nombre de dominio. Algunos de nuestros favoritos son:

- http://godaddy.com
- http://google.com/domains
- http://namecheap.com

Craigslist y Grupos de Comprar Vender Intercambiar en Redes Sociales

Puede parecer un poco hortera para algunas personas, pero publicar sus productos de eBay a través de Craigslist puede no ser un mal método para empujar a algunas personas más hacia él. Lo mismo puede decirse de los grupos de Compra Venta Intercambio en Facebook, pero tómese el tiempo para asegurarse de que lo permitan en su grupo, o simplemente puede ser expulsado. Si las personas intentan ofenderte en Facebook por enviar correos no deseados, no los involucres. Conseguir que un grupo de personas que regularmente compran en línea enojado puede generar malos comentarios de los trolls aburridos.

Subastas de alto perfil

Este método no es fácil, pero si encuentra algún tipo de artículo del Santo Grial, es posible venderlo en eBay, atraer mucha atención y obtener también un poco de negocios adicionales. Por supuesto, probablemente también harás una pequeña fortuna con este artículo. Hay muchos ejemplos, uno de los más notables es el juego Nintendo Entertainment System llamado "Stadium Events". Solo se fabricaron alrededor de 200 de estos en los Estados Unidos, y esta rareza y el creciente interés en los videojuegos "retro" significa que ha alcanzado hasta $35,000. Cada vez que aparece en eBay, los entusiastas de los videojuegos escriben cientos de publicaciones en sus blogs, redes sociales y otros medios. Este tipo de atención es excelente para un vendedor de eBay, especialmente si se aprovecha para alentar a las personas a revisar sus otros artículos a precios más razonables.

CAPÍTULO 10: SEGUIMIENTO Y AJUSTE DE SU NEGOCIO

Hay tantas ventajas de usar eBay como su plataforma de negocio online que es fácil ver por qué tanta gente también tuvo la idea de abrir una tienda eBay y tuvo éxito. Han creado una plataforma de venta con una gran base de clientes incorporada, y permiten subastas como ningún otro sitio en línea. Es una fuerza tan notable en el mercado en línea que en realidad ayuda a establecer el valor minorista de los artículos. No es perfecto para todos los objetivos de negocio online, pero es bastante sostenible como negocio por sí solo.

eBay también les permite a los vendedores estar menos especializados que abrir su propia tienda de negocio online. Si bien debe ser especial dentro de una tienda eBay, usarlo como vendedor individual simplemente significa ofrecer excelentes productos a excelentes precios y asegurarse de que el contenido sea lo suficientemente alto como para que se encuentre fácilmente a través de búsquedas y explique el artículo y su uso perfecto. También se puede usar como parte de un método de ventas multiplataforma.

El verdadero genio detrás de eBay es la simplicidad de uso. El diseño y diseño fácil de usar significa que casi cualquier persona puede comenzar una carrera como vendedor de eBay. A través de la prueba y error y la investigación continua, la posibilidad de ampliar un negocio de eBay es muy realista a través del dropshipping. A medida que su negocio crece, también lo hace el conocimiento que alimenta su toma de decisiones. Requiere un poco de reflexión y trabajo duro, pero es mucho más satisfactorio que trabajar en un "trabajo normal."

Dar el paso decisivo. Puede comenzar su negocio de eBay como un trabajo secundario mientras mantiene su trabajo diario. Al menos tómese el tiempo para mojarse los dedos de los pies. ¡No habrías leído este libro hasta este punto si no estuvieras interesado! Venda algunos de los artículos que no necesita en su hogar y decida por usted mismo si eBay es la oportunidad que se está perdiendo. ¡Realmente puedes cambiar tu vida si estás dispuesto a trabajar duro!

Las 5 razones principales por las que necesita vender en eBay

1) **Llega a más clientes**. Si bien es cierto que eBay tiene más compradores que todas las alternativas (excepto Amazon), el hecho es que debe hacer lo que sea necesario para atraer nuevos compradores.

2) **Muchos compradores están hartos de eBay**. A lo largo de los años, eBay ha alejado a muchos compradores y vendedores, con sus constantes cambios y revisiones del sitio. "Recomendados" se convirtió en "no, gracias", ya que a menudo dificultaba a los compradores encontrar los artículos que buscaban. A otras personas

no les gustó que les dijeran que no podían pagar con cheque, efectivo o giro postal.

3) **Nada dura para siempre**. Tan bueno como es eBay, y mientras hayan sido los grandes del bloque, tarde o temprano, algún tipo nuevo vendrá y los hará a un lado. Recuerde F.W. Woolworths, Circuit City, o mire lo que le está sucediendo a Blockbuster. Asegúrese de tener un Plan B, por si acaso.

4) **Nunca lo sabrás hasta que lo intentes**. Es fácil decir que esos sitios alternativos de eBay no funcionan, pero nunca sabrá si funcionan para usted o no, a menos que lo intente.

5) **Un dólar es un dólar, no importa dónde lo hagas**. Si prueba un sitio nuevo y solo realiza una venta al mes, sigue siendo dinero que no tenía.

CAPÍTULO 11: CRECIMIENTO, CONSEJOS Y TRUCOS PARA EL ÉXITO

Este capítulo es una simple lista de consejos y trucos para tener en cuenta mientras trabaja en su negocio de eBay. Hay muchos pequeños detalles sobre eBay, algunos más anecdóticos que reales, pero todavía hay algo de verdad en las experiencias de otros. Según nuestro conocimiento, estos puntos siguientes son importantes para saber cuando intente navegar su viaje por eBay.

Venta internacional

Vender internacionalmente puede ser una molestia, pero no tiene por qué serlo. Para el método más simple, puede utilizar el Programa de envío global de eBay simplemente seleccionándolo en sus preferencias de envío mientras crea una nueva lista.

El Programa de envío global funciona haciendo que envíe un paquete a un centro de despacho de pedidos de EE. UU. Después de que un cliente internacional lo compre. A partir de ahí, el centro de despacho se encarga de todo, desde la aduana hasta la entrega del producto al cliente. eBay agregará automáticamente cualquier tarifa de aduana y envío adicional al pedido del cliente, y simplemente gastará la misma cantidad que gastaría en el envío de cualquier otro artículo sin ver nada sobre estos costos adicionales.

Si bien el Programa de envío global tiene tarifas adicionales para los compradores, la mayoría está dispuesta a pagarlas porque muchos productos son difíciles de adquirir en el extranjero a través de otros métodos. Este método simplificado de venta internacional es excelente si no desea agregar mucho dolor de cabeza pero quiere poder ofrecer sus productos internacionalmente.

Cómo evitar problemas con las transacciones

Una de las principales claves para tener éxito en eBay es reducir la cantidad de problemas que los clientes tienen con sus servicios. Hay algunas cosas que puede tener en cuenta para que esto sea posible. Éstos incluyen:

- Anuncios precisos que no ocultan defectos y tienen imágenes que muestran exactamente lo que el comprador debe esperar cuando recibe el producto.
- Precios de envío justos y envío rápido, ya que los clientes no están contentos de pagar tarifas infladas y desean sus artículos lo antes posible. El envío rápido es una gran ventaja cuando se trata de retener comentarios positivos.
- Siempre ofrece PayPal. Ni siquiera consideres enumerar nada y no aceptar pagos de PayPal. La mayoría de los usuarios de eBay no solo usan PayPal, sino que incluso si no lo hacen, PayPal también puede procesar todos los

demás tipos de pagos, incluidas las tarjetas de crédito y débito.

- Siempre proporcione un número de seguimiento. Esto no solo muestra que el artículo se está enviando realmente, sino que si se pierde en la publicación, hace que sea mucho más fácil rastrear y remediar la situación más adelante.

- Nunca envíe antes de que se publique un pago. Esto debería ser evidente, pero algunos compradores fraudulentos en eBay intentan comprar artículos, nunca pagan, y los reciben antes de cerrar sus cuentas y desaparecer para siempre.

¿Qué sucede cuando alguien no paga?

En caso de que alguien no pague en unos días después de una subasta o lista de precios fijos, hay algunas cosas a las que debe prestar atención. Esto incluye:

- ¿Sigue activa la cuenta de eBay? Si no es así, debe presentar un caso de inmediato en eBay.
- • Si todavía son usuarios activos de eBay, intente contactarlos antes de contactar al soporte de eBay. Es posible que pueda guiarlos a través del proceso si son nuevos compradores o determinar que no tienen intención de seguir adelante con el pedido.

- Abra un caso unos días después de que no se haya realizado el pago. Lo último absoluto es 32 días después del final de la subasta o lista de precios fijos.

- Si han realizado un pago pero no ha sido aprobado electrónicamente, espere una semana más antes de tomar medidas.

Artículos de temporada en stock

Siempre que sea posible, aproveche las vacaciones y las tendencias estacionales. Mantenerse al tanto de la temporada puede generar un gran aumento en las ventas por un período de tiempo temporal. Tómese el tiempo para agregar saludos festivos y cositas de temporada a sus albaranes y correspondencias de correo electrónico. Abrazar las vacaciones actuales es una manera fácil de atraer más compradores.

Estudia a la competencia

Una cosa que la gente no puede hacer cuando dirige un negocio de eBay es tomarse el tiempo para comprender qué está haciendo su competencia con los mismos tipos de productos. Sugerimos esto antes, pero merece ser repetido. Tomarse el tiempo para ver otras publicaciones de los productos que está tratando de vender es cómo puede mejorar su enfoque. Si lee sus publicaciones y nota que no incluye un detalle que cree que debería, entonces es obvio que debe incluirlo. Del mismo modo, si enumeran algo en lo que no pensaste y te impresiona, entonces saca una hoja de su libro y haz lo mismo.

Con una tienda eBay, esto se vuelve especialmente importante. Tomarse el tiempo para estudiar lo que ha funcionado para otros exitosos emprendedores de eBay puede enseñarle mucho más de lo que nunca lo hará. No quieres ser exactamente como la competencia, pero quieres aprovechar lo mejor que ofrecen y luego llenar los huecos de lo que no ofrecen para superarlos.

Se Amistoso

Si bien los compradores pueden ser quisquillosos, hacer muchas preguntas y, en general, significan ser agresivos o confabulados a veces, es importante recordar ese viejo adagio: "El cliente siempre tiene la razón". Esto no significa que tenga que inclinarse hacia atrás para apaciguar a un estafador, pero sí significa que debe ser cortés, siempre abordar los problemas de las personas con medidas para resolver el problema y ser accesible en general. Si alguien hace una pregunta, responda a fondo y sin ningún tipo de gruñido. Ser gruñón puede ser solo tu personalidad, pero no se traduce bien en ventas o retiene excelentes puntuaciones de comentarios.

Aceptar devoluciones

Puede parecer contradictorio al comenzar, ya que todos los retornos vienen con una pequeña pérdida de ganancias, pero la verdad es que es difícil evitarlos de todos modos. Si el comprador tiene un motivo legítimo para una devolución, eBay le permitirá abrir un caso en su contra y forzar una devolución de todos modos. Si el comprador no tiene un caso legítimo, puede intentar abrir un caso con la misma facilidad y, a veces, incluso puede ganar. Es realmente menos dolor de cabeza aceptar devoluciones como lo harían la mayoría de las tiendas minoristas. Si debe hacerlo, puede cobrar una tarifa de reposición de existencias por aquellas devoluciones que no se deben a defectos u otros problemas de su parte.

Si se toma el tiempo de escribir excelentes descripciones, tomar excelentes fotografías y enviar sus artículos correctamente, las devoluciones se minimizarán. Establezca la política de que aceptará devoluciones durante 30 días, pero también establezca que el comprador debe pagar el envío de devolución. Si hay un defecto de algún tipo, puede hacer lo correcto y pagar los costos de devolución usted mismo de todos modos.

Escribir a nivel de octavo grado

Un problema que tienen muchas personas educadas es que usan palabras grandes. La verdad es que muchos compradores pueden no ser tan educados, y el uso de un lenguaje simple tiende a funcionar mejor para las ventas, el periodismo y casi cualquier otra cosa que no sea poesía y ficción. Escribir a nivel de octavo grado será lo suficientemente inteligente como para que nadie bien educado sienta que estás insultando su inteligencia, pero también será lo suficientemente simple como para que cualquiera sin una buena educación no sienta que estás insultando su inteligencia. Naturalmente, si vende artículos en un nicho que depende en gran medida de la jerga, aún puede incluir esta jerga en sus publicaciones.

Investigue productos con frecuencia

¡Mantente al tanto de las tendencias! Todos los días salen nuevos productos y es probable que sus proveedores también agreguen nuevos artículos a su inventario. Intente mantenerse al tanto de los nuevos productos a medida que se lanzan, ya que un nuevo producto en el mercado generalmente se venderá mejor antes de que otros vendedores se pongan al día con las ventas y reduzcan los precios. Los nuevos productos son su oportunidad de aumentar las ventas, y este puede ser un evento bastante frecuente si realmente se toma el tiempo para manejar su investigación de productos con frecuencia.

Evite los complementos de publicaciones de eBay

eBay ofrece una serie de complementos que puede aplicar a sus publicaciones. Esto incluye elementos como plantillas, texto de subasta en negrita y subastas resaltadas en las listas de búsqueda. Estas cosas no hacen mucho para ayudarlo a vender, y simplemente aumentan el costo. Piénsalo. ¿Con qué frecuencia ha comprado artículos que aprovecharon estas llamadas herramientas promocionales? No muy a menudo supongo. Casi el único momento en que tiene sentido es con artículos de alto precio que son extremadamente raros y que de todos modos se destacan por sí mismos.

No te molestes con los precios reservados

Las subastas con precios reservados son una pérdida de tiempo para todos. Si tiene un precio fijo en mente, simplemente publíquelo como un precio fijo y espere la venta. Las personas que ofertan en subastas generalmente buscan un buen negocio. Si bien una buena guerra de ofertas puede llevarlo a precios minoristas (a veces arriba), el postor general se retirará de una subasta reservada y nunca se enfrentará al dilema de cuánto quieren ganar este artículo que han estado viendo y potencialmente pujando en toda la semana. Las subastas reservadas no lo ayudan a realizar ventas.

Publicaciones de subastas los domingos por la tarde

Los domingos tienden a ser de alto tráfico porque una gran parte de la población tiene domingos libres. Las subastas que finalizan los domingos por la tarde a menudo verán mayores retornos simplemente porque el tráfico en eBay es mayor. Para aquellos en la costa este de los EE. UU., Las publicaciones entre las 6 y las 9 p.m. permite que la gente de la costa oeste también participe en la acción. Cuantas más personas vean la lista en las últimas horas, mayores serán sus posibilidades de vender sus artículos subastados a un precio más alto.

Usar subastas para artículos raros

Para artículos comunes, realmente no hay razón para usar publicaciones de estilo de subasta. Las subastas son mejores para los artículos que no tienen un precio obvio o para los artículos que son tan raros que solo aparecen una vez en una luna azul. Si tiene un artículo que es lo suficientemente raro como para exigir una gran suma de dinero, tómese el tiempo para promocionarlo en las comunidades que puedan buscarlo. Por ejemplo, si tiene un fonógrafo hecho en la década de 1940 y se cree que solo existen unos pocos cientos que funcionan, entonces debe buscar en Internet y las redes sociales los grupos que recopilan este tipo de artículos, hágales saber que lo tiene en eBay, y apúntelos en la dirección correcta. Quizás también comience un diálogo. Pueden señalarle a personas que están dispuestas a vender artículos similares.

Trabajo Duro

Si bien es probable que su objetivo deje atrás un trabajo agotador que no paga bien y lo obliga a estar en algún lugar a una hora determinada todos los días, la verdad sobre el trabajo es que requiere tiempo y esfuerzo. Trabajar duro es la única forma de tener éxito. Muy pocas personas se han vuelto financieramente estables al perder el tiempo, e incluso cuando lo hicieron, generalmente llega un momento en que su falta de iniciativa pone a sus negocios bajo.

La mayoría de las empresas de eBay comienzan con poco o ningún dinero de su bolsillo. Los vendedores comienzan enumerando los artículos que ya tienen en la casa. A medida que pasa el tiempo, deciden que eBay es una forma bastante decente de ganar unos dólares extra.

El siguiente paso puede ser vender algunas cosas para amigos y vecinos. Tal vez, revisan una venta de garaje, venta de garaje o venta de bienes locales, y luego ven lo que está disponible en las tiendas locales de segunda mano.

Si estos vendedores necesitan financiamiento, generalmente proviene de su tarjeta de crédito.

Hasta ahora, ese ha sido el alcance del financiamiento disponible para los vendedores de eBay. Los bancos no son muy complacientes cuando escuchan las palabras "eBay" y "negocios" juntas. Con demasiada frecuencia, me vienen a la mente connotaciones negativas, y el banquero termina diciéndole que es "un gran concepto, pero _____". (Puede completar el espacio en blanco.)

Kabbage es otra opción de financiación disponible para vendedores de eBay y Amazon. Kabbage ofrece préstamos para pequeñas empresas de $500 a $100,000 a vendedores en línea basados en datos de ventas de sus cuentas de eBay y Amazon. Sus tasas financieras no son baratas. Pagué $90.00 en intereses y comisiones por un préstamo de $500. Lo bueno es que obtienes el dinero rápidamente. Muy a menudo, dentro de una hora o menos de la aplicación. Se deposita directamente en su cuenta PayPal y los pagos se deducen de su cuenta PayPal.

Si tiene una ubicación de ladrillo o mortero o una conexión con un banquero local, se le pueden abrir más opciones, pero para la mayoría de los vendedores, la única opción es usar su tarjeta de crédito u obtener un préstamo a corto plazo de Kabbage.

¿Qué tan aterrador es eso?

No te estoy diciendo esto para desanimarte de ejecutar un Kickstarter; en cambio, estoy tratando de ayudarlo a comprender lo importante que es tener un plan e investigar a fondo su proyecto antes de comenzar.

Lo primero que debe saber sobre Kickstarter es que no se trata de obtener dinero para financiar su negocio. Se trata de obtener dinero para apoyar un proyecto.

Entonces, si necesita recaudar $100,000 para comenzar a vender iPhones en eBay, no va a suceder. No en Kickstarter de todos modos. Si su empresa fabrica carcasas personalizadas para el iPhone 5 y 6, con gráficos personalizados o un nuevo diseño que creó, Kickstarter podría ser el boleto para ayudarlo a iniciar su negocio.

La razón por la que los casos de iPhone personalizados podrían ser financiados es que son un proyecto único. Si sus gráficos son lo suficientemente geniales, o si el diseño es único y destaca sobre lo que está disponible en el mercado, puede volverse viral y captar el interés de los patrocinadores.

Aquí hay otro ejemplo.

Si solicita $25,000 para comenzar una tienda de CD en línea, es poco probable que atraiga a ningún patrocinador, excepto su madre y su tío Bob (e incluso pueden ser difíciles de vender). Si usted es el cantante principal de una banda local o regional, podría ejecutar un Kickstarter para recaudar dinero para presionar su primer CD. Eso podría atraer a muchos patrocinadores, al igual que un CD de niños de escuelas locales cantando canciones populares regionales o villancicos.

¿Entiendes la diferencia?

Un Kickstarter es algo que usa para lanzar un proyecto único y único, no para financiar un negocio en curso. Eso no quiere decir que no pueda apoyar una serie de proyectos similares que se conviertan en una línea de productos completa para su tienda eBay. Si ejecuta un Kickstarter exitoso para financiar un CD para una banda local, no hay nada que le impida ejecutar otro Kickstarter para el próximo álbum de la misma banda, o una serie completa de álbumes para muchos grupos locales o regionales.

Se trata de dividir su objetivo en una serie de proyectos alcanzables.

Conseguir financiado

¿Qué pasa si ejecutaste un Kickstarter y no vino nadie? Sería vergonzoso, ¿verdad?

Recuerde esas estadísticas que le di antes: el 25 por ciento de todos los proyectos de crowdfunding nunca reciben un centavo en respaldo, y el 55 por ciento de Kickstarter nunca se lanza.

Aquí hay un consejo que escuché una y otra vez de Kickstarters exitosos y no exitosos. Solicite la menor cantidad de dinero necesaria para poner en marcha su proyecto. Todos queremos un millón de dólares, pero si diez mil dólares ayudarán a que su proyecto alcance el despegue, establezca su meta en diez mil dólares. Puede obtener mucho más, puede que no. Pero si llega a $10,000, Kickstarter ejecutará todas esas tarjetas de crédito, ¡y ka-ching! Estás en el dinero!

Eso es lo mejor de Kickstarter. No cierran el grifo cuando alcanzas tu objetivo. Algunos proyectos aumentan cinco o diez veces su objetivo inicial. Y, eso es otra cosa que dice Kickstarter exitoso, trate de tener suficiente impulso para su proyecto para que pueda alcanzar su objetivo en los primeros tres días. De esa manera, cualquier otra cosa que ingieras es simplemente glasear el pastel.

Lo que necesitas saber

- Kickstarter revisa y examina todos los proyectos. Sus probabilidades de ser aprobado son aproximadamente del 50 por ciento. Si tienes una idea sostenible, pero piensan que necesita un poco de trabajo, la gente de Kickstarter te dará consejos para que sea más financiable.

- Elija un marco de tiempo para su Kickstarter. Puede ser tan corto como un día, pero no más de sesenta días. Tenga en cuenta que más tiempo no siempre es mejor. Kickstarter dice que los proyectos atraen a la mayoría de los patrocinadores durante sus primeros tres días y los últimos tres días, por lo que son esos seis días los que hacen o deshacen su proyecto. Los vendedores dicen que treinta días es el punto ideal. Un poco más y usted alienta a los patrocinadores a postergar, y posiblemente se pierda la financiación de su proyecto.

- Recuerda, le estás pidiendo a la gente que te ayude, pero no va a funcionar si sales y pides ayuda. En cambio, debe mostrar a los patrocinadores cómo su proyecto puede ayudar a otras personas o ayudarlas. Asegúrese de que los seguidores entiendan que no se trata del dinero en efectivo. Se trata de ser parte de algo nuevo y emocionante, como traer de vuelta a Verónica Mars.

- El video es la clave. Un video elegante es bueno, pero es más importante salir frente a la cámara y ser uno mismo. Ser genuino. Explique su proyecto en términos con los que las personas puedan relacionarse.

- Un video no será suficiente. Necesitas una serie de videos. Crea uno o dos videos que expliquen tu proyecto. Trate de hacer que un par de sus patrocinadores hablen sobre su proyecto y lo que los entusiasmó o los intrigó. A medida que avanza su proyecto, cree varios videos para actualizar a las personas sobre su estado. "Estamos casi allí." "Estamos tan cerca. Cada donación que haga nos acercará mucho más a alcanzar nuestra meta ". O "acabamos de crear un nuevo objetivo de estiramiento, así que asegúrese de revisar nuestros nuevos niveles de recompensa". O "esto es lo que nos permite alcanzar nuestro nuevo objetivo."

- Diga a los patrocinadores por qué es vital que lo ayuden. Hágales saber por qué necesita su ayuda, qué hay para ellos y qué sucederá cuando alcance su objetivo. Recuerde, si los patrocinadores no entienden por qué necesitan contribuir, es poco probable que su proyecto despegue.

- Las recompensas creativas son esenciales para obtener más patrocinadores y financiar su proyecto. Necesita varios niveles diferentes de recompensas para lograr el despegue. En el extremo inferior, puede dar un agradecimiento en su blog o sitio web u ofrecer una descarga digital. El rango medio, de $25 a $50, es el lugar perfecto para proporcionar una camiseta personalizada, un libro autografiado o algo con un mayor valor percibido. En la gama alta, más de $100: necesita recompensas únicas que hagan que los patrocinadores sientan que son parte de algo especial y que su contribución contribuirá a que esto suceda. La mejor manera en que lo escuché describir fue decidir qué se necesitará para que alguien renuncie a un café con leche o una cena y una película, y ayudarlos a justificar por qué deberían renunciar a algunos de los pequeños placeres de la vida para respaldarlo.

- Las imágenes de calidad profesional son esenciales. Debe mostrar su proyecto de la mejor manera: de cerca, con personas que lo usen si es posible. Asegúrese de que sus fotos y videos cuenten la historia. La mayoría de los patrocinadores solo mirarán sus fotos y contribuirán según lo que vean. Otros decidirán al mirar fotos y videos, si van a leer su texto para obtener el resto de la historia.

- Si las cosas salen totalmente mal y no alcanzas tu objetivo, no es el fin del mundo. Sé un gracioso perdedor. Envíe un correo electrónico a sus patrocinadores y agradézcales por su apoyo. Mientras tanto, si alineaba una fuente de financiación diferente, informe a los seguidores que su proyecto avanzará a pesar del retroceso en Kickstarter. Hagas lo que hagas, asegúrate de que tus fans sepan lo que viene después: un nuevo Kickstarter, o tal vez una versión reducida de tu proyecto.

- Ya sea que su proyecto sea financiado o no, tómese un tiempo para analizar su Kickstarter. ¿Qué salió bien? ¿Dónde se desmoronó todo? No es una pérdida total si puedes aprender de tus errores. Si nadie respaldó su proyecto, es posible que deba abordarlo desde un nuevo ángulo, o puede decidir que es hora de seguir adelante y probar algo diferente. Puede ser que, aunque no haya alcanzado su objetivo, haya creado suficiente publicidad para poder obtener financiación comercial o un nuevo conjunto de patrocinadores. Hagas lo que hagas, no solo tires la toalla sin tomarte el tiempo para analizar lo que sucedió.

Kickstarter – Detalle a Detalle

Configurar un Kickstarter es bastante sencillo. Navegue hasta **https://www.kickstarter.com/**. Haga clic en **mas información** y luego **comenzar un proyecto**. Kickstarter te mostrará la siguiente oración. "Quiero comenzar un proyecto de _____ llamado _____". Complete los dos espacios en blanco y estará listo para comenzar.

Las categorías más exitosas son cine y video, música, diseño, juegos, arte y publicaciones. Si elige un proyecto que se ajuste a una de estas categorías, es más probable que reciba fondos.

A continuación, debe darle un título a su proyecto. No intentes ser cursi o inteligente. En cambio, explique su proyecto para que las personas puedan entenderlo fácilmente. Si usted es una banda local, llámela "Davenport, CD de estreno de las ratas del río Iowa" o "Historia pictórica del Black Hawk State Park."

Después de ingresar el título, será llevado a la página del producto. Aquí es donde la magia comienza a unirse. Antes de comenzar, asegúrese de comprender lo que cada paso le pide que haga.

En primer lugar, debe cargar una imagen del proyecto. Es el tiro del dinero. Es cómo la gente juzgará tu proyecto. Necesita captar la atención de posibles patrocinadores y atraerlos para que sigan desplazándose hacia abajo en la página. Kickstarter recomienda que su imagen tenga al menos 1024x768 píxeles y una relación de aspecto de 4:3.

A continuación, tienes la oportunidad de revisar tu título. Solo tienes sesenta caracteres para trabajar, así que haz que cuenten. No pique palabras ni trate de ser inteligente. Su título debe ser claro, conciso y contener dos o tres palabras clave que le digan a las personas de qué se trata su proyecto. Pista: Su título se puede buscar por palabra clave junto con su nombre, por lo que esta es una de las formas en que las personas lo encontrarán. Haga que sea fácil para los patrocinadores encontrar su Kickstarter y atraerá más donaciones.

El siguiente espacio solicita una breve propaganda: solo 135 caracteres. Tiene que despertar el apetito de alguien y hacer que quieran seguir desplazándose hacia abajo para descubrir, ¿qué sigue?

Después de esto, elige una categoría y subcategoría para su proyecto. Luego, establece su ubicación. Creo que la ubicación es una de las áreas críticas, especialmente si tienes un seguimiento regional. Es una de las fortalezas reales de Kickstarter. Los patrocinadores pueden buscar proyectos para ubicar Kickstarter en su ciudad natal, estado o región, por lo que debe asegurarse de que puedan ingresarlo.

Después de la ubicación, debe elegir una duración de financiación. Esa es solo una forma elegante de preguntar cuánto tiempo desea que se ejecute su Kickstarter. Treinta días es el punto dulce sugerido, pero puede hacerlo tan corto como un día o tan largo como 60 días. La mayoría de los patrocinadores retoman un proyecto en sus primeros tres días y sus últimos tres días. Estos son los días en los que debes esforzarte más.

Lo último que debe hacer es establecer su objetivo de financiación. Recuerde, es posible que desee $100,000, pero si $10,000 lanzará su proyecto, esa es la cantidad que debe establecer para su objetivo. Kickstarter es una plataforma de "todo o nada". Si no alcanza su meta de financiación, no obtiene nada, sin importar cuánto se comprometió.

Eso es lo que voy a llevar a configurar su Kickstarter. Tienen una excelente sección para guiarte contando tu historia. Puedes acceder a él siguiendo este enlace.

https://www.kickstarter.com/help/handbook/your_story.

Hacer correr la voz

Entonces, creaste un Kickstarter, ¿y ahora qué?

Casi todas las personas con las que hablé de que crearon un Kickstarter ofrecieron el mismo consejo. Ejecutar su campaña es un trabajo a tiempo completo. Requiere planificación, investigación y salir continuamente las 24 horas del día, los 7 días de la semana para compartir su historia.

La triste verdad es que Kickstarter solo te traerá del diez al quince por ciento de tus patrocinadores. Depende de usted encontrar el otro 85 por ciento de su financiación. Suena como lo que te dije sobre eBay, ¿verdad?

Kickstarter es una plataforma donde puedes compartir tu proyecto de crowdfunding. Hacer correr la voz depende de usted.

Aquí están los diez mejores consejos que descubrí para ayudarte a ejecutar un Kickstarter más exitoso.

1. Construye tu tribu antes de comenzar. Para tener éxito, necesita una lista de correo electrónico y un seguimiento sustancial de Twitter y Facebook. De esa manera, cuando comiences tu Kickstarter, puedes hacer que salten y sean tu ola inicial de patrocinadores.

2. Necesitas investigar otros Kickstarter en tu categoría para ver cómo abordan las cosas. Aprende de lo que están haciendo bien; eliminar los errores que están cometiendo.

3. Vaya local. Si usted es una banda local, músico, escritor, fabricante, comuníquese con los medios locales. Obtenga tanta publicidad como pueda. Enviar comunicados de prensa.

Entra en programas locales de televisión y radio. Busque oportunidades para escribir artículos en los periódicos y revistas locales.

4. Llegar a bloggers de nicho. Ofrezca realizar entrevistas, publicaciones de invitados o proporcionarles contenido gratuito. Si es posible, realice un intercambio en el que pueda hacer algo por ellos, si envían por correo electrónico su lista con detalles sobre su Kickstarter.

5. Pida a familiares, amigos y compañeros de trabajo que ayuden a correr la voz en sus redes sociales. Nunca se sabe, pueden tener el oído de un influencer que puede ayudar a que su Kickstarter se vuelva viral.

6. Las recompensas son críticas para su éxito. Kickstarter dice que $25.00 es el respaldo más común, y $70.00 es el respaldo promedio. Lo que te dice es que debes concentrar muchas recompensas dulces en el rango de $25.00 a $75.00. No es necesario quebrar el banco, sino darles un alto valor percibido: una edición especial de un CD, libro o impresión, una camiseta firmada a mano, o lo que sea que sienta que su audiencia apreciará más que el respaldo que está solicitando.

7. Sigue agregando contenido a tu página de Kickstarter. La investigación muestra que muchos patrocinadores escapan dos o tres de su historia antes de que decidan respaldarlo. Asegúrese de agregar nuevo contenido, especialmente más videos e imágenes. Actualice su página para que los patrocinadores sepan qué tan cerca está de alcanzar su meta o

sobre nuevas metas y recompensas si ya ha alcanzado su meta inicial. Lo principal es mantener a los patrocinadores informados.

8. Retroceda algunos proyectos antes de publicar el suyo. Proporciona prueba social de que juegas bien con los demás. Kickstarter tiene un lugar en la parte superior de cada página de proyecto que muestra cuántos proyectos ha respaldado. Si ese lugar está en blanco, te hace parecer un poco como el Sr. Scrooge. Estás buscando folletos, pero no estás dispuesto a ayudar. "¡Bah! ¡Hum-bug, Sr. Scrooge!"

9. Debe demostrar por qué es la mejor persona para completar el proyecto que publicó. Dígale a los patrocinadores lo que es único sobre usted. ¿Qué te hace el hombre adecuado para hacer esto? ¿Has abordado un proyecto similar? Comparta su motivación, para que la gente entienda que usted es el tipo o la chica adecuada para el trabajo.

10. Puedes perder, y aún así, salir ganador. El hecho de que no haya obtenido los fondos solicitados no lo convierte en un perdedor (solo significa que debe esforzarse un poco más). Un Kickstarter exitoso puede generar mucha publicidad que ayudará a hacer crecer su negocio en el futuro. Puede ser un gran iniciador de conversación. "No obtuvimos fondos, pero obtuvimos muchas respuestas excelentes". O, "aprendimos ..." Podría proporcionarle los comentarios que necesita para regresar con un producto mejorado e incluso mejor.

CONCLUSIÓN

No hay una verdad última o una revelación divina sobre cómo convertirse en un vendedor exitoso de eBay. Solo aquellos que son apasionados y tienen una mentalidad comercial real pueden brillar en eBay. Debe ser realista y muy práctico sobre sus ideas de negocios. Debe asegurarse de obtener el mejor precio y el suministro de sus productos estará asegurado todo el tiempo. De vez en cuando, debe cambiar su interés de acuerdo con la demanda del mercado para mantenerse competitivo. No deje de investigar y mantenga suficientes márgenes de ganancia para alimentar su negocio y expandirlo si es necesario. Intente competir con otros vendedores a través de sus habilidades de servicio al cliente, precio y marca. Siga siempre las reglas y regulaciones de eBay y no intente violar ninguna de ellas. Intenta aprender de otros vendedores. Mire lo que están haciendo y hágalo mejor que ellos. Aprenda de vendedores exitosos y obtenga consejos de ellos. Intenta explorar nuevas características y posibilidades en eBay de vez en cuando. Nadie le garantizará una tasa de éxito del 100%, solo USTED puede lograrlo con confianza y esfuerzo. Nunca dejes de luchar por más; Nunca dejes de vender más.

CPSIA information can be obtained
at www.ICGtesting.com
Printed in the USA
BVHW090932141220
595665BV00010B/441

9 781914 086250